Heureux les simples

Du même auteur

Les Médicaments, Seuil, coll. « Microcosme », 1969.
Évolution et sexualité des plantes, Horizons de France, 1970, 2ᵉ éd. 1975.
Drogues et plantes magiques, Horizons de France, 1971 ; nouvelle édition Fayard, 1983.
L'Homme re-naturé, Seuil, 1977.
Les Drogues : leur histoire, leurs effets, Douin, 1979.
Les plantes. Amours et Civilisations végétales, Fayard, 1980 ; nouvelle édition 1981.
La Médecine par les plantes, Fayard, 1981 ; nouvelle édition 1986.
La Prodigieuse Aventure des plantes (coauteur Jean-Pierre Cuny), Fayard, 1981 ; nouvelle édition 1986.
La Vie sociale des plantes, Fayard, 1984 ; nouvelle édition 1986.
Mes Plus Belles Histoires de plantes, Fayard, 1986.
Le Piéton de Metz (photographies Christian Legay), Balland-Serpenoise 1988.
Fleurs, Fêtes et Saisons, Fayard, 1988.
Le Tour du monde d'un écologiste, Fayard, 1990.
Au fond de mon jardin, Fayard, 1992.
Des légumes, Fayard, 1993.
Une leçon de nature, PUF, coll. « L'Esprit du temps », 1993.
Le Monde des plantes, Seuil, coll. « Petit Point des Connaissances », 1993.
Des Fruits, Fayard, 1994.
Dieu de l'univers, science et foi, Fayard, 1995.
Paroles de nature, Albin Michel, 1995.
De l'univers à l'être, Fayard, 1996.
Les Langages secrets de la nature, Fayard, 1996.
Les Plantes en péril, Fayard, 1997.
Le Jardin de l'âme, Fayard, 1998.
Plantes et Aliments transgéniques, Fayard, 1998.
La Plus Belle Histoire des plantes (avec M. Mazoyer, T. Monod et J. Girardon), Seuil, 1999.
La Cannelle et le Panda, Fayard, 1999.
La Terre en héritage, Fayard, 2000.
Variations sur les fêtes et les saisons, Le Pommier, 2000.
À l'écoute des arbres, Albin Michel, 2000.
La vie est mon jardin, éditions Alice (Belgique), 2000.
Les Nouveaux Remèdes naturels, Fayard, 2001.

(suite à la fin de l'ouvrage)

Jean-Marie Pelt

Heureux les simples

Flammarion

Ouvrage publié sous la direction de Benoît Chantre

© Flammarion, 2011.
ISBN : 978-2-0812-6100-6

Pour Gilbert, à qui j'ai promis ce livre quand il nous a quittés. Nous avions cheminé de conserve pendant près de soixante ans et il reste pour moi comme un frère bien-aimé.

Pour Patrick, qui m'a accompagné et encouragé tout au long de la rédaction de cet ouvrage, comme un frère lui aussi.

Avant-propos

Ceux qui ont l'habitude de me lire s'étonneront de cette incursion inattendue dans le monde des saints. Ce projet prit corps en 1987. Nous venions de terminer, avec mon regretté ami Jean-Pierre Cuny, la seconde série télévisée de *L'Aventure des plantes* qui avait connu un grand succès international. L'an 2000 pointait à l'horizon, et l'idée me vint de présenter à la télévision quinze grandes figures de sainteté qui correspondaient aux quinze pays qui à l'époque formaient l'Union européenne. Je me plongeai alors dans les hagiographies pour finalement choisir un saint par pays. Ils figurent dans cet ouvrage, qui remplace, fort avantageusement à mon goût, le projet de série télévisée.

Entre-temps, nous mettions en route, avec mes amis René Lejeune et Gilbert Grandidier, la procédure de béatification de Robert Schuman, dont je suivis avec soin l'évolution du dossier, d'abord à Metz, puis à Rome. Cette cause est actuellement entre les mains de la Congrégation pour la cause des saints. La profonde admiration que je portais à Robert Schuman, que j'eus la chance d'accompagner quasiment au quotidien durant les dernières années de sa vie, ne pouvait que m'amener à soutenir cette initiative.

C'est donc par deux voies parallèles que je me décidai à écrire ce livre. Il n'est pas interdit à un écologiste botaniste de regarder au-delà de ses horizons scientifiques et professionnels, à une époque où la transdisciplinarité est si à la mode et où pourtant la science n'a jamais été aussi enfermée dans le cloisonnement de ses disciplines. Ce fut pour moi un grand bonheur de fréquenter ces personnages hors du commun – venus du monde chrétien, mais aussi de l'islam, du bouddhisme ou de l'hindouisme – que je suis heureux de présenter aux lecteurs, les plus jeunes en particulier, tant notre monde bavard et agité manque de modèles et de référents.

Pourtant, du projet au passage à l'acte, il se passa du temps. J'éprouvais quelque difficulté à m'immerger dans les pieuses hagiographies anciennes, conformes à ce genre littéraire aujourd'hui si obsolète. Suaves et édifiantes, elles font de ces figures héroïques des êtres quasi hors sol et passablement… émasculés. Aussi différai-je à plusieurs reprises le projet. Le déclic décisif me vint à la mort de mon bon Gilbert qui m'avait vivement pressé d'écrire ce livre. Très ému dans une brève allocution au cimetière, je m'entendis lui promettre de m'y remettre derechef. Ce que je fis sur-le-champ, miraculeusement débarrassé d'une inhibition qui jusque-là m'avait paralysé.

Bienvenue donc et bon voyage au pays des saints.

La quatrième dimension

Les temps ont changé. Autrefois les saints étaient partout, aujourd'hui ils ne sont plus nulle part. Les *people* les remplacent. (Les saints, modèles exemplaires et forts comme une savoureuse bière d'abbaye belge ; les *people*, pas de bière, seulement la mousse.) Les saints occupent, du coup, une place discrète dans les médias. Leur nom apparaît dans l'éphéméride quotidienne de la météo sous la rubrique des fêtes à souhaiter. La phrase est rituelle : « Vous fêterez les Geneviève ou les Patrick », sans qu'il soit fait mention de leur appartenance à la famille des saints. Les *people* au contraire sont partout, invasifs et intrusifs.

Les saints et les *people* ont un point commun : ils ne sont pas comme nous. Les premiers sont des géants de l'amour, les seconds des géants de l'argent. Les premiers sont au ciel, les seconds vivent parmi nous, hissés sur le podium. Les saints étaient montrés en exemple. Le peuple chrétien était invité à les suivre, comme le peuple suit aujourd'hui les *people* dans leurs frasques, leur vie affective pimentée, leurs exhibitions mondaines, leur luxe ostentatoire et leurs folles dépenses. L'adulation qui leur est portée détourne fort opportunément le bon peuple des vraies questions qui le concernent. Ils nourrissent des rêves d'évasion, nous divertissent, nous éloignent de nos préoccupations et nous invitent à des voyages imaginaires dans le merveilleux conte de fées de leur existence. C'est à un tout autre voyage que nous invitent les saints.

Enfant, je fréquentais assidûment les fêtes foraines. Une attraction m'attirait plus que les autres. Il s'agissait d'un manège dont nous sortions avec le tournis, et que les forains avaient baptisé du nom très mystérieux pour moi de « Quatrième dimension ». J'avais en effet appris à l'école qu'il n'y avait que trois dimensions, la longueur, la largeur et la hauteur. Mais la quatrième ? Elle ne pouvait qu'être à mes yeux la profondeur. Des décennies plus tard, je pense ne pas m'être trompé. Encore faut-il s'entendre sur cette profondeur. La géométrie en fait la même dimension que la hauteur ; mais la profondeur peut être aussi celle de l'être, et c'est dans cette quatrième dimension que nous invitent les saints, leur vie et leurs œuvres. Ils émergent pour la plupart du petit peuple et sont rarement de haute extraction ; ils ne sont pas titulaires de diplômes universitaires ; ils n'ont pas fait carrière dans le sens où le monde l'entend, car ils ont investi leur vie dans cette autre dimension, dans cet « arrière-monde » si étranger à ce que l'Évangile appelle « ce monde », c'est-à-dire la société dans laquelle nous vivons ; une société mobilisée par l'idéologie de la croissance et de l'argent, où les mots innovation, technologie, recherche, compétitivité, performance, excellence tracent – et ouvrent parfois – aux jeunes les voies de carrières brillantes et de succès professionnels.

La quatrième dimension

Il y aurait donc deux mondes. Celui dans lequel nous vivons notre quotidien, « ce monde-ci », et celui que le Christ appelle le « Royaume de Dieu » et dont il dit qu'il est déjà parmi nous. Le premier construit dans l'extériorité, le second dans l'intériorité, la profondeur. C'est dans celui-là que les saints ont investi leur existence. Or personne ne nous invite à les suivre, car c'est dans notre monde crûment matérialiste que nous plongent les médias toujours à l'affût du dernier *scoop*. Inondés d'informations, nous vivons dans l'extériorité et l'immédiateté et nous n'y vivons même pas trop mal, à l'aune de la misère qui tient un milliard de Terriens sous l'emprise de la faim.

La quatrième dimension, c'est « l'autre monde », « l'arrière-monde », là où se cachent des secrets que la science ne parvient pas à élucider. On ne lui demande d'ailleurs pas de s'y employer. C'est dans cet « arrière-monde » que gît la question du sens, sens de la vie, de la vie après la vie, de l'existence de Dieu, des causes premières et des fins dernières. C'est dans cette autre dimension que se fondent la beauté et la pertinence des grands textes sur lesquels s'enracinent les religions. Autant de sujets que les grands médias abordent avec précaution ou dont ils se détournent prudemment. L'attention ne se porte pas sur le contenu des religions, mais sur la place exorbitante qu'elles occupent, dopées par l'islam, dans le paysage contemporain. Pour le reste, les musées se remplissent au fur et à mesure que les églises se vident et la pratique de la culture remplace la pratique religieuse. Les processions ne consistent plus à marcher en chantant derrière les statues de la Vierge ou des saints, mais plutôt en longues files d'attente silencieuses devant la porte des musées et des expositions. En cette matière, comme disent les jeunes, « il n'y a pas photo ». Toutes les enquêtes d'opinion mettent en lumière le déclin du christianisme. Si quelques bourgeons prometteurs pointent ici ou là, les Églises chrétiennes, l'Église catholique en particulier, ne suscitent plus guère, dans notre vieille Europe, que des adhésions parcimonieuses. La pratique est en baisse, les vocations aussi.

Parallèlement, toutes les enquêtes d'opinion sont unanimes pour constater le pessimisme de notre peuple qui, sur ce point, serait champion du monde. Jamais les humoristes n'ont occupé une telle place et jamais pourtant nous n'avons été aussi moroses. L'accumulation de biens matériels, la consommation boulimique pour ceux qui en ont les moyens ne conduisent pas automatiquement au bonheur. L'adage que les instituteurs d'autrefois inscrivaient au tableau noir de l'école primaire : « L'argent ne fait pas le bonheur ! » semble bien se confirmer. Y aurait-il un lien entre la déchristianisation rapide et la démoralisation galopante ? Pourtant nous avons par rapport à la pratique religieuse à laquelle s'adonnaient nos ancêtres des biens de remplacement : les arts, la culture, le sport et le jeu, sur Internet ou ailleurs, dans une société où tout est devenu ludique, pour les enfants comme pour les adultes. Malgré tout, la fréquentation assidue des technologies, plus prisée que celle des églises, ne semble pas parvenir à faire remonter la courbe du bonheur en France et ailleurs. Les Allemands disaient : « Être bien comme Dieu en France ! » Hélas, on ne se sent plus aussi bien chez nous. Et s'il y avait un lien subtil entre le recul de la foi et ce sentiment de vacuité qui envahit tant de nos contemporains ? Tout se passe comme si, malgré la profusion et la confusion qui caractérise notre temps, il nous manquait quelque chose. Mais quoi au juste ?

Ne serait-ce pas cette quatrième dimension, celle que dans mon enfance naïve et innocente j'appelais déjà la profondeur ? Mais pour découvrir les vertus de la profondeur encore faut-il s'y plonger, se mettre en immersion. Pour quelques instants s'abstraire du bruit, de la vitesse, de la fébrilité, de l'information en continu, si caractéristiques de ce que nous avons appelé « ce monde ». En descendant dans la profondeur, en rompant dans un premier temps avec tout ce qui nous attache à la temporalité sécularisée de « ce monde », nous rencontrerons une étonnante galerie de personnages aussi différents les uns des autres que faire se peut. Pourtant tous ont un point commun : avoir porté l'amour à sa plus haute incandescence, amour de Dieu indissociable de l'amour des hommes, prochains ou lointains ; et pour certains, comme François d'Assise ou Séraphin de Sarov, de la nature animée ou inanimée.

Les saints : comment définir ces témoins de l'invisible, ces héros de la foi ? Peut-être tout simplement par une remarque : le monde se porterait mieux s'ils étaient plus nombreux. En m'attelant à cette tâche – mettre en scène des vies de saints –, je mesurais la difficulté de les insérer dans la société de leur époque et encore plus dans la nôtre, de les contextualiser, de sorte que plus on remonte loin dans le temps, plus ils nous paraissent décalés. En commençant ce récit par celui des vierges martyres, j'ai voulu partir d'un univers intellectuel et mental très éloigné. Puis en descendant le cours des siècles, ce décalage se réduit et nous sentons combien les saints plus récents ont partagé le monde qui est aujourd'hui le nôtre. Il me paraissait souhaitable de les proposer en exemples à ceux d'entre nous, et ils sont nombreux, jeunes et moins jeunes, qui ne s'accommodent pas seulement de ce monde sans profondeur, de l'écume des jours.

C'est au fond de notre histoire que je suis allé chercher ces modèles simples et exemplaires, comme pour les tirer de leur ciel et les ramener chez nous, le temps d'un livre. Je voudrais que mon lecteur puisse les convoquer à son tour. Chaque figure vient donc ici, à sa place et à son moment propres, témoigner de son rôle dans l'histoire de notre civilisation et dans celle de ma propre vie. Ayant été élevé dans la « légende dorée » des premiers saints, la chance m'a très vite été donnée de côtoyer certains d'entre eux : Robert Schuman dans ma 2CV de militant du MRP ou Marthe Robin, recluse dans cette chambre obscure où désespéré j'allais la consulter. Ces êtres à la fois simples et exceptionnels tiraient leur force de cette simplicité même. On pardonnera au pharmacologue de rappeler que les « simples » sont aussi l'autre nom des plantes médicinales, ces fleurs des champs discrètes, poussant sur des sols arides, argileux, calcaires. Il faut du discernement pour connaître leurs vertus. Mais pour qui sait les cueillir, ce sont des pouvoirs merveilleux qu'elles révèlent.

Fort de ce parcours, qui va des saints les plus lointains aux saints les plus proches, j'ose pour finir, inviter mon lecteur dans le salon de coiffure de mon ami Patrick, la cuisine de Mme Moll, ma gouvernante regrettée, ou la familiarité de mon cher Philippe, le frère de toujours, discret et fidèle, capable de faire mille kilomètres pour être à mon chevet, à l'hôpital.

À son image, les saints accourent de très loin, dès qu'on les appelle, ou se montrent très proches, quand on sait les discerner.

* *
*

En creusant les biographies et les hagiographies, je me suis également vu confronté à une étrange énigme : le mysticisme et ses effets. Pour un grand nombre de personnes mises en scène ici, mais non pour toutes, l'expérience mystique se fait au détriment du corps et de la santé. Tout semble se passer comme si, à partir d'une certaine réduction des forces physiques et biologiques, surgissaient d'autres potentialités : des visions et des apparitions que d'aucuns qualifieront d'hallucinations, des miracles que l'Église qualifie aujourd'hui de signes, mais qui restent des prodiges, des intrusions démoniaques, d'étranges mouvements du corps, quand il s'agit par exemple de lévitation, ou de l'apparition de propriétés inattendues consécutives à la mort : émission de la fameuse « odeur de sainteté », incorruptibilité du cadavre, etc. Or de tels phénomènes ont été observés dans toutes les traditions spirituelles d'Orient et d'Occident : on songe en islam aux derviches tourneurs et aux soufis, dans l'hindouisme aux yogis. Par rapport à ces phénomènes, l'esprit scientifique et cartésien qui caractérise notre époque se sent questionné. Certains nieront tout en bloc. Mais comment nier des phénomènes que des milliers de personnes ont constatés et attestés ? D'autres accepteront les témoignages les mieux identifiés et éviteront de faire la part belle aux enjolivures hagiographiques qui donnent dans le spectaculaire et l'exagération. Je suis de ceux-là.

Pour un scientifique, la lecture des vies de saints est éprouvante. Les auteurs, jusqu'aux dernières décennies où l'esprit critique s'est fait plus vigilant, se sont évertués à sanctifier les saints dès leur plus tendre enfance. Celle-ci, par les prodiges qui l'accompagnaient, ne pouvait qu'annoncer le déploiement d'une destinée qui serait exceptionnelle. À peine né, l'enfant déjà se mortifiait, refusant de téter les vendredis et les jours de carême. Une telle mortification ne pouvait que conduire à une édification du lecteur. Mortification et édification sont les deux piliers de la géographie des saints. On parle aujourd'hui de « se construire » et de « se reconstruire », propos empruntés au monde du bâtiment où l'on crée des édifices, où l'on édifie. Le saint, par son exemple, avait pour destination première de construire la vie chrétienne de celui qui l'invoque. Comme les hagiographes ont utilisé plus de pierres qu'il n'était nécessaire, les vies des saints d'autrefois relevaient davantage de la légende que de la réalité. Mais la légende était aussi l'expression du merveilleux auquel nos ancêtres, dans un monde pas encore désenchanté, étaient sensibles. Les vies légendaires émouvaient l'esprit et le cœur à une époque où l'affectif était moins réprimé et plus spontané qu'il ne l'est aujourd'hui, dans une société éprise de rationalité.

Le scientifique que je suis a dû à maintes reprises garder la distance ; mais elle ne fut jamais un fossé qui eût pu me séparer de l'authenticité première de ceux avec qui je commerçais. On ne sort pas indemne de la fréquentation d'un Thomas d'Aquin quand on est soi-même universitaire ou d'un François d'Assise quand on est écologiste.

Je me suis inspiré, pour ce travail, des hagiographies anciennes et des ouvrages récents plus nombreux que je ne le supposais. On trouvera en annexe la référence des ouvrages qui ont guidé mon travail. Dans l'impossibilité où j'étais naturellement de creuser chaque biographie, je me suis appuyé sur ces auteurs auxquels je tiens à exprimer ma profonde gratitude.

En route, donc, pour ce pèlerinage dans le temps, des saints d'hier à ceux d'aujourd'hui, voyage que j'ai voulu joyeux – car un saint triste est un triste saint

Les suffragettes de Dieu

Des femmes jeunes, des femmes fortes, des femmes martyres, telles sont les suffragettes de Dieu. Leurs hauts faits nous sont contés dans le style romancé et flamboyant du Moyen Âge.

Saint Dominique, contemporain de François d'Assise et fondateur de l'ordre qui porte son nom, les Dominicains, venait de mourir lorsque Jacques de Voragine naquit à Varazze près de Gênes. Celui-ci prend en 1244 l'habit des prêcheurs, autre dénomination des Dominicains, et devient en 1292 archevêque de Gênes. Son nom est indissociable de son œuvre majeure, *La Légende dorée*[1] qu'il consacre à la vie des saints, et dans le sillage de laquelle j'ose aujourd'hui me placer.

Ce titre emporte le lecteur sur les ailes de la légende et du rêve. Dans ces biographies hautes en couleur, le réel épouse l'imaginaire dans un entrelacs d'où jaillit ce merveilleux dont le Moyen Âge était si friand. Le lecteur de *La Légende dorée* ne prendra pas pour argent comptant les extraordinaires événements

---

1. Jacques de Voragine, *La Légende dorée*, Paris, GF-Flammarion, 1967.

qu'elle nous rapporte. Pourtant selon l'étymologie du mot, *légende* signifie « ce qui doit être lu » et l'épithète *dorée* se réfère à la valeur du contenu, considérée à l'époque comme inestimable. C'est dans cet esprit que la reçurent les hommes du Moyen Âge, en particulier les moines qui lisaient ces légendes aux offices ou au réfectoire.

La vie des martyrs des premiers siècles occupe dans l'ouvrage une place prééminente. Que trouve-t-on au point de départ ? Sur quels faits incontournables asseoir ces récits, qui évoquent des personnages ayant vécu mille ans plus tôt et dont il ne restait que peu de trace dans les écrits de l'époque ? Uniquement, semble-t-il, sur des textes laconiques, secs et administratifs, les protocoles officiels du procès, de la condamnation et de l'exécution des martyrs. S'y greffent, dans *La Légende dorée*, des récits poignants et naïfs leur conférant une singulière puissance émotionnelle. Comme on ne savait presque rien de ces jeunes filles martyres, on pouvait tout imaginer. Inventive, l'âme populaire de ce temps aimait qu'on enjolive et qu'on rehausse de couleurs vives et de contrastes saisissants la description des supplices et l'héroïsme des suppliciés. Il s'agissait d'édifier le lecteur, d'appeler les fidèles à un surcroît de piété et de vertu par la parole et l'exemple. Édifier, c'est construire, « construire » les âmes dans la dévotion et le service du bon et du bien.

Le christianisme étant devenu au début du IVe siècle la religion officielle de l'Empire, le souvenir des martyrs et des persécutions qu'ils subirent risquait de tiédir et de se dissiper dans la brume du temps. Il fallait donc frapper fort, ce que fit Jacques de Voragine, comme dans cette histoire de sainte Agathe dont les modalités du supplice se sont inscrites dans la croyance populaire. On m'autorisera à citer ici librement le texte de Jacques de Voragine, dont je ne peux que recommander la lecture complète.

« Agathe, vierge de race noble et très belle de corps, honorait sans cesse Dieu en toute sainteté dans la ville de Catane. Or, Quintien, consulaire en Sicile, homme ignoble, voluptueux, avare et adonné à l'idolâtrie, faisait tous ses efforts pour se rendre maître d'Agathe. Comme il était de basse extraction, il espérait en imposer en s'unissant à une personne noble ; étant voluptueux, il aurait joui de sa beauté ; s'emparant de ses biens, il aurait satisfait son avarice ; puisqu'il était idolâtre, il la contraindrait d'immoler aux dieux. Il se la fit donc amener. Une fois qu'elle fut en sa présence, et ayant connu son inébranlable résolution, il la livra entre les mains d'une femme de mauvaise vie nommée Aphrodisie et à ses neuf filles débauchées comme leur mère, afin que dans l'espace de trente jours, elles la fissent changer de résolution. Elles espéraient, soit par de belles promesses, soit par des menaces violentes, qu'elles la détourneraient de son bon propos. La bienheureuse Agathe leur dit : "Ma volonté est assise sur la pierre et a Jésus-Christ pour base [...], les fondements de ma maison restent solides, rien ne pourra l'abattre." Aphrodisie, voyant Agathe rester inébranlable, dit à Quintien : "Amollir les pierres et donner au fer la flexibilité du plomb serait plus facile que de détourner l'âme de cette jeune fille des pratiques chrétiennes et de la faire changer." Alors Quintien la fit venir et lui dit : "Si tu es noble, pourquoi, par ta conduite, as-tu des habitudes de personne servile ?" "C'est, dit-elle, que je suis servante de Jésus-Christ […]" Quintien : "Puisque tu es noble, comment te dis-tu servante ?" Elle répondit : "La souveraine noblesse, c'est d'être engagée au service de Jésus-Christ." Quintien : "Choisis le parti que tu voudras, ou de sacrifier aux dieux, ou d'endurer différents supplices", Agathe ne céda pas.

« Alors le consul la fit jeter en prison, parce qu'elle le confondait publiquement par ses discours. Elle y alla avec grande liesse et gloire, comme si elle fût invitée à un festin ; et elle recommandait son combat au Seigneur. Le jour suivant, Quintien lui dit : "Renie le Christ et adore les dieux." Sur son refus, il la fit suspendre à un chevalet et torturer. Agathe dit : "Dans ces supplices, ma délectation est celle d'un homme qui apprend une bonne nouvelle, ou qui voit une personne longtemps attendue, ou qui a découvert de grands trésors." Quintien en colère lui fit tordre les mamelles et ordonna qu'après les avoir longtemps tenaillées, on les lui arrachât. Agathe lui dit : "Impie, cruel et affreux tyran, n'as-tu pas honte de mutiler dans une femme ce que tu as sucé toi-même dans ta mère ?" Alors il commanda qu'on la fît rentrer en son cachot avec défense d'y laisser pénétrer les médecins, et de lui servir ni pain ni eau.

« Dans son cachot, elle reçoit la visite d'un vieillard qui se dit être saint Pierre et qui la guérit. Elle refuse toutefois de s'enfuir de sa cellule dont les portes étaient restées ouvertes, afin de ne porter aucun préjudice à ses gardiens qui eussent été sévèrement punis. Quintien revient à la charge mais n'obtient pas plus de succès que lors de son interrogatoire précédent. L'attachement d'Agathe au Christ est indéfectible. Il ordonne alors que l'on parsème son lit de pots cassés et qu'on répande sur ces tessons des charbons ardents. Puis on roule Agathe toute nue dessus. Alors qu'on le faisait, un énorme tremblement de terre secoua la ville, ébranlant le palais du tyran dont deux conseillers furent écrasés sous les gravats. Le peuple se souleva contre Quintien l'accusant d'avoir, par sa cruauté, déclenché les fureurs du ciel. Quintien craignant le tremblement de terre et la sédition du peuple fit reconduire Agathe en prison. Agathe y remit son esprit au Seigneur et, poussant un grand cri, rendit son âme à Dieu. C'était en l'an du Seigneur 253 sous l'empire de Dèce. Quant à Quintien il fut puni : les chevaux de son char s'emballèrent et le précipitèrent dans un fleuve d'où l'on ne ramena jamais son corps. »

À comparer les biographies de Jacques de Voragine consacrées aux vierges martyres, on est frappé par le caractère quasi archétypal de celles-ci. Toutes répondent au même genre littéraire, celui de la fiction. La trame des récits est toujours la même : une vierge chrétienne s'est donnée à Jésus qui sera son seul époux ; elle transgresse ainsi les règles en usage dans la Rome antique en désobéissant à son père qui entend la marier et en refusant de sacrifier aux dieux païens. Il n'est pas question non plus de devenir une vestale consacrée à la déesse Vesta, vierge certes, mais vierge païenne ignorante du Dieu des chrétiens. À partir de ce postulat de départ, le père soutenu par les autorités civiles lui enjoint de sacrifier aux dieux. S'engage alors un dialogue où la détermination de la vierge consacrée ne faiblit jamais. On va tenter de lui ravir sa virginité en la confiant à des prostituées ou en l'envoyant dans un lupanar. Rien n'y fait : elle résiste et conserve sa virginité intacte. Elle est alors livrée aux supplices qu'elle subit en louant Dieu. Ses supplices sont toujours « haut de gamme » de sorte que le lecteur s'émerveille de la résistance que lui confère sa foi absolue en son Sauveur qui est aussi son époux. Elle finit par rendre son âme à Dieu tandis que ses bourreaux connaissent une fin tragique.

La biographie de sainte Agnès, noble vierge de treize ans à peine, s'inspire de ce même modèle. Elle s'obstina à refuser les avances du fils du préfet qui était tombé éperdument amoureux d'elle au point d'en tomber malade ; mais Agnès ne se connaissait qu'un seul époux, Jésus-Christ, et persista dans cette vocation. Le préfet allégua alors sa condition de chrétienne et l'exhorta à abjurer. On la conduisit au lupanar pour rompre sa virginité, mais un miracle se produisit : alors qu'elle devait se rendre toute nue au lieu de perdition, une très longue chevelure cacha sa nudité. Arrivée à destination, un ange du Seigneur brillant de lumière, d'une clarté extraordinaire, l'accueillit mettant en fuite la clientèle de la maison close. Le soupirant qui l'attendait ne parvint point à se saisir d'elle, la lumière se ruant sur lui. Il en mourut sur-le-champ. La prière instante du préfet qui pleurait son fils émut Agnès qui le ressuscita. Stupéfait de ce haut fait qu'aucun magicien de l'époque n'était en mesure d'accomplir, le préfet vint à résipiscence, mais ne parvint point à la sauver des mains de l'autorité qui entendait bien la faire apostasier. On la jeta dans un grand feu mais la flamme se partagea en deux et brûla le peuple séditieux qui était aux alentours sans atteindre Agnès. Finalement on lui plongea une épée dans la gorge : elle rejoignit ainsi son époux Jésus-Christ dans le martyr.

Dans *La Légende dorée*, l'épisode incontournable du lupanar présente des variantes spécifiques. Ainsi de sainte Lucie dont il est écrit que son tourmenteur Pascasius la fit conduire dans un lieu de prostitution pour qu'elle y subisse le viol et qu'elle perde l'Esprit saint.

« Alors Pascasius fit venir des débauchés, en leur disant : "Invitez tout le peuple, et qu'elle subisse tant d'outrages qu'on vienne dire qu'elle en est morte." Or, quand on voulut la traîner au lieu de perdition, le Saint-Esprit la rendit immobile et si lourde qu'on ne put lui faire exécuter aucun mouvement. Pascasius fit venir mille hommes et lui fit lier les pieds et les mains, mais ils ne purent la mouvoir en aucune façon. Aux mille hommes, il ajouta mille paires de bœufs, et cependant la vierge du Seigneur demeura immobile. Il appela des magiciens, afin que, par leurs enchantements, ils la fissent remuer, mais ce fut peine perdue.

« Alors Pascasius dit : "Quels sont ces maléfices ? Une jeune fille ne saurait être remuée par mille hommes ?" Lucie lui dit : "Ce ne sont pas maléfices, mais bénéfices de Jésus-Christ et quand vous en ajouteriez encore dix mille, vous ne m'en verriez pas moins immobile." Pascasius pensant qu'une lotion d'urine la délivrerait du maléfice, il l'en fit inonder ; mais, comme auparavant, on ne pouvait venir à bout de la mouvoir ; il en fut outré ; alors il fit allumer autour d'elle un grand feu et fit jeter sur son corps de l'huile bouillante mêlée de poix et de résine. Après ce supplice, Lucie s'écria : "J'ai obtenu quelque répit dans mes souffrances, afin d'enlever à ceux qui croient la crainte des tourments, et à ceux qui ne croient pas, le temps de m'insulter." Les amis de Pascasius, le voyant fort irrité, enfoncèrent une épée dans la gorge de Lucie qui, néanmoins, ne perdit point la parole : "Je vous annonce, dit-elle, que la paix est rendue à l'Église, car Maximien vient de mourir aujourd'hui, et Dioclétien est chassé de son royaume ; et que ma sœur Agathe a été établie la gardienne de Syracuse."

« Comme la vierge parlait ainsi, voici venir les ministres romains qui saisissent Pascasius, le chargent de chaînes et le mènent à César. César avait en effet appris qu'il avait pillé toute la province. Arrivé à Rome, il comparaît devant le Sénat, est convaincu de corruption et condamné à la peine capitale.

« Quant à la vierge Lucie, elle ne fut pas enlevée du lieu où elle avait souffert. Elle rendit l'esprit seulement quand les prêtres furent venus lui apporter le corps du Seigneur. Et tous les assistants répondirent : *Amen.* »

La résistance des vierges à la torture est phénoménale et, en la matière, c'est sans conteste Christine qui tient la corde :

« Christine brisa les idoles des dieux auxquels sacrifiait son père, Urbain, qui était juge. Celui-ci entra dans une grande fureur et il commanda qu'on la dépouillât de ses vêtements et qu'elle fût fouettée par douze hommes jusqu'à ce qu'ils en fussent épuisés eux-mêmes. Alors Christine dit à son père :

"Homme sans honneur et sans honte, abominable aux yeux de Dieu ! Ceux qui me fouettent s'épuisent ; demande pour eux à tes dieux de la vigueur, si tu en as le courage !" Il la fit amener devant son tribunal et lui dit : "Sacrifie aux dieux, sinon tu seras accablée dans les supplices ; tu ne seras plus appelée ma fille." Elle lui répondit : "Vous m'avez fait grande grâce de ne plus m'appeler maintenant fille du diable. Celui qui naît de Satan est démon ; tu es le père de ce même Satan." Son père ordonna qu'on lui raclât les chairs avec des peignes et que ses jeunes membres fussent disloqués. Christine prit alors de sa chair qu'elle jeta à la figure de son père en disant : "Tiens, tyran, mange la chair que tu as engendrée."

« Alors le père la fit placer sur une roue sous laquelle il fit allumer du feu avec de l'huile ; mais la flamme qui en jaillit fit périr quinze cents personnes. Or, son père, qui attribuait tout cela à la magie, la fit encore une fois enfermer en prison, et quand la nuit fut venue, il commanda à ses gens de lui fixer une pierre énorme au cou et de la jeter dans la mer. Ils le firent, mais aussitôt les anges la prirent, Jésus-Christ lui-même vint à elle et la baptisa dans la mer en disant : "Je te baptise en Dieu, mon Père, et en moi Jésus-Christ son Fils, et dans le Saint-Esprit." Et il la confia à l'archange Michel qui l'amena sur la terre. Le père, qui apprit cela, se frappa le front en disant : "Par quels maléfices fais-tu cela, de pouvoir ainsi exercer ta magie dans la mer ?" Christine lui répondit : "Malheureux insensé ! C'est de Jésus-Christ que j'ai reçu cette grâce." Alors il la renvoya dans la prison avec ordre de la décapiter le lendemain.

« Or, cette nuit-là même, son père fut trouvé mort. Il eut pour successeur un juge inique, appelé Élius, qui fit préparer une chaudière dans laquelle on mit à bouillir de l'huile, de la résine et de la poix pour y jeter Christine. Quatre hommes agitaient la cuve, de sorte que la sainte miraculeusement protégée fût bercée comme un petit enfant. Le juge irrité ordonna qu'on lui rasât la tête et qu'on la menât nue à travers la ville jusqu'au temple d'Apollon. Quand elle y fut arrivée, elle commanda à l'idole de tomber, ce qui la réduisit en poudre. À cette nouvelle le juge s'épouvanta et rendit l'esprit. Julien lui succéda : il fit chauffer une fournaise et y jeter Christine ; et elle resta intacte pendant cinq jours qu'elle passa à chanter et à se promener avec des anges. Julien, qui apprit cela et qui l'attribua à la magie, fit jeter sur elle deux aspics, deux vipères et deux couleuvres. Les serpents lui léchèrent les pieds, les aspics ne lui firent aucun mal et s'attachèrent à ses mamelles, et les couleuvres en se roulant autour de son cou léchaient sa sueur. Alors Julien dit à son enchanteur : "Est-ce que tu es aussi magicien ? Irrite les bêtes." Et comme il le faisait, les serpents se jetèrent sur l'enchanteur et le tuèrent en un instant. Christine commanda ensuite aux serpents, les envoya dans un désert et elle ressuscita le mort. Julien alors ordonna de lui enlever les mamelles, d'où il coula du lait au lieu de sang. Ensuite il lui fit couper la langue ; Christine n'en perdit pas l'usage de la parole ; elle ramassa sa langue et la jeta à la figure de Julien, qui, atteint à l'œil, se trouva aveuglé. Julien irrité lui envoya deux flèches au cœur et une autre à son côté. En recevant ces coups elle rendit son esprit à Dieu, vers l'an du Seigneur 287, sous Dioclétien. »

On a le sentiment dans ce récit que les bourreaux ne savent plus à quel saint se vouer pour mettre un terme à la vie de leur victime, d'où ces tentatives multiples et, par voie de miracle, avortées.

Pour le chrétien du Moyen Âge, de tels prodiges devaient naturellement frapper l'esprit et avoir valeur d'exemple. Ceux-ci furent édulcorés par la suite comme en ce qui concerne Lucie. Dans des écrits plus récents, son immobilité résista non plus à mille hommes et à mille paires de bœufs, mais à deux bœufs seulement qui tirèrent en vain sur son corps comme ils tiraient sur la charrue.

Pour nos contemporains du XXIe siècle, de tels récits n'ont plus qu'un intérêt anecdotique, tant s'y succèdent les extravagances. Face à l'exubérance de l'imaginaire populaire médiéval, il nous appartient de tenter de partager cependant la sensibilité de ceux qui vécurent voici un millénaire. De la plupart de ces saintes, on n'en connaissait avec certitude guère plus que le nom, souvent lui-même déformé quand il n'était pas oublié ou supposé. Le procédé à l'œuvre dans *La Légende dorée* consiste à cumuler dans une seule biographie des traits empruntés çà et là. Il s'agit en somme d'un exercice de rhétorique où les métaphores deviennent des réalités, et où les hyperboles sont interprétées au pied de la lettre. Des morceaux de bravoure transformés en histoire.

La Légende dorée a vu son crédit décliner dès la Renaissance sous les doubles attaques d'une exégèse plus exigeante et d'une piété plus austère. Qu'en reste-t-il aujourd'hui ? Des leçons de morale où le bien et le mal sont nettement tranchés : la victime est humble et parfaite, le bourreau cruel et malfaisant. Les bons y sont bons sans restriction et les méchants poussent leur méchanceté jusqu'à la caricature. Dans ce combat frontal du bien et du mal, point de nuances. On admire la force de la foi et de l'amour divin de ces vierges consacrées. Rien ne les fait fléchir, ni l'autorité d'un père, ni la bienveillance d'une mère, ni l'autorité civile. Chacune de ces vierges en appelle à la palme du martyr dont le sang fécondera le jeune christianisme. Nous sommes à des années-lumière de certaines fractions dévoyées de l'islam radical où le martyr est celui qui tue en se tuant lui-même ; un concept totalement étranger au christianisme. Mais pour ces kamikazes, la vie ne compte pas. Sans doute ne donnent-ils pas à la vie la valeur sans limite que lui confère l'humanisme chrétien. Pour nous, la vie n'a pas de prix, elle vaut plus que tout. Et pour eux, elle est sans prix, elle ne vaut rien.

Au temps des martyrs, le christianisme primitif vivait dans la clandestinité. Les Romains, dont la brutalité des mœurs n'est pas toujours suffisamment mise en lumière de nos jours, restaient perplexes devant l'amour que se portaient les chrétiens et devant leur attachement profond à la personne de Jésus. Parlant d'eux, ils disaient : « Voyez comme ils s'aiment ! » Inutile pour ces martyrs d'invoquer à leur crédit l'héroïcité de leurs vertus pour les canoniser, puisque le martyr se suffit à lui-même pour justifier de la sainteté. Il suffit donc de les coucher sur le calendrier des saints.

Une fois dépouillés de tous leurs oripeaux, ces récits mettent en scène des personnes profondément éprises de l'amour de Dieu. De telles personnes existent toujours en notre temps. Dans des circonstances tout à fait différentes, les moines de Tibhirine, en 1996, et les chrétiens d'Irak, massacrés en 2010 dans leur propre église, montrent que le martyr reste d'actualité et, dans ces deux cas, provoque toujours la même émotion parmi ceux qui en méditent le sens. Faut-il rappeler que les cardinaux partagent avec les martyrs la couleur du sang par la pourpre dont ils sont vêtus ? Cette qualité est censée attester qu'ils sont prêts à donner leur sang pour l'amour du Christ ce que, Dieu merci pour eux, nul ne leur demande.

Les vierges martyres illustrent la liberté dont se revendiquent ces femmes, par rapport à toutes les autorités paternelles et civiles qui prétendent leur dicter leur conduite. Elles annoncent, pour les femmes, autonomie et libre arbitre, un statut étranger à leur époque. En cela, nos vierges sont des modèles et des modernes. Des suffragettes de Dieu en quelque sorte.

Enfant, on m'avait offert l'histoire illustrée de saint Tarcisius, jeune martyr de la fin du IIIe siècle figurant au calendrier des saints à la date du 15 août. Tarcisius apportait l'eucharistie à un malade. Il refusa de la donner à des païens qui voulaient la profaner devant lui et garda le pain sacré sur son cœur. C'est ainsi qu'il fut massacré pour avoir tenté jusqu'au bout de protéger le corps de Jésus. L'histoire du petit Tarcisius suscitait en moi une vive émotion, et dans mon âme d'enfant, je me réjouissais du jour où je ne manquerais pas de le retrouver au ciel.

Les visions de Hildegarde de Bingen

On ne peut vivre à proximité des trois frontières séparant la France de l'Allemagne et du Luxembourg, là où se situe le fameux Schengen, dont on parle à tout propos lorsqu'il s'agit de la libre circulation des personnes au sein de l'Union européenne, en ignorant Hildegarde, patronne de l'Allemagne. Elle est à l'Allemagne ce que Jeanne d'Arc est à la France, mais dans un tout autre registre. Et on ne peut pas davantage avoir présenté une agrégation de pharmacie consacrée aux plantes qui guérissent, sans avoir croisé les plantes et leurs mélanges que cette grande thaumaturge prescrivait à ses patients au XIIe siècle. C'est pourquoi Hildegarde m'a accompagné tout au long de ma carrière pharmaceutique... et spirituelle.

À l'âge de cinq ans, Hildegarde, enfant d'une famille de noble extraction, étonne sa nourrice en lui décrivant le pelage tacheté d'un jeune veau qu'elle discernait alors qu'il était encore dans le ventre de sa mère. À la naissance de l'animal, il s'avéra être exactement conforme à la description qu'elle en avait faite. Elle avoua plus tard que, dès l'âge de trois ans, elle voyait ce que personne d'autre ne voit. Sa vie durant, Hildegarde eut des visions qu'elle garda longtemps secrètes. C'est à l'âge de quarante-trois ans seulement qu'elle reçut de Dieu l'ordre de les transcrire et de les communiquer.

Écoutons-la : « Voici que dans la quarante-troisième année de ma course temporelle, alors que je m'attachais avec beaucoup de crainte à une vision céleste, toute tremblante d'attention, je vis une très grande splendeur dans laquelle une voix se fit entendre du ciel, me disant : "Ô homme fragile, cendre de cendre, pourriture de pourriture, dis et écris ce que tu vois et entends. Mais parce que tu es timide pour parler et peu habile pour exposer et peu instruite pour écrire ces choses, dis et écris non selon la bouche d'homme, ni selon l'intelligence d'une invention humaine, ni selon la volonté de composer humainement [...] mais selon la volonté de Celui qui sait, voit et dispose toute chose dans le secret de Ses mystères. [...] Une lumière de feu, d'une extrême brillance venant du ciel ouvert, fondit sur mon cerveau tout entier et tout mon corps, et toute ma poitrine comme une flamme qui cependant ne brûlait pas, mais qui par sa chaleur enflammait de la façon que le soleil chauffe ce sur quoi il darde ses rayons." » Et de nouveau elle entendit une voix au ciel qui disait : « Dis donc ces merveilles et écris-les telles qu'elles te sont enseignées et dites[1]. »

Entre-temps, en l'an 1106, alors qu'elle était âgée de huit ans, ses parents l'avaient confiée à une

---

1. Régine Pernoud, *Hildegarde de Bingen*, LGF, coll. « Le Livre de Poche », 1996, p. 21-22.

moniale bénédictine, abbesse du monastère féminin de Disibodenberg, non loin du Rhin. Hildegarde était le dixième enfant de sa famille et accomplissait ainsi l'invitation, prescrite dans l'Ancien Testament, de consacrer à l'Éternel le dixième de tout ce qui nous appartient, la dîme. C'est au couvent que la mère supérieure, Jutta de Sponheim, veilla à son éducation mais aussi à sa santé, car Hildegarde était chétive et fragile. Elle allait être plus ou moins malade toute sa vie durant. Chaque vision s'accompagnait d'une recrudescence de son mal, au sujet duquel nous n'en savons pas plus sinon qu'il était récurrent, comme si dans la vie de Hildegarde se succédaient maladie, visions, puis description de la vision entraînant une guérison momentanée avant que ne s'engage un nouveau cycle. Sans doute dirait-on aujourd'hui qu'elle avait un terrain hystérique.

Pendant la première moitié de son existence, Hildegarde mena dans son monastère une vie simple et cachée avant d'être élue à trente-huit ans, à la mort de Jutta, abbesse à son tour. La pureté de son âme s'exprime dans ces quelques mots adressés à un prêtre ami : « Fais de ton cœur une source pure et entoure cette source d'un amour très pur ! »

La jeune abbesse veille affectueusement sur ses sœurs. Elle est aussi une grande thérapeute, et à ce titre prend le plus grand soin de la santé physique et morale de ses moniales. Elle plaide pour un sain discernement permettant aux humains de trouver un juste équilibre : la modération en toutes choses, car à ses yeux, autant que l'excès, la privation est dangereuse : « Je vois souvent, quand un homme maintient son corps sous le joug d'une abstinence exagérée, que l'ennui surgit en lui et par l'ennui, les vices, plus que s'il s'était nourri. » Hildegarde applique la règle avec souplesse évitant les jeûnes inconsidérés, le silence complet, les brimades ou autres mortifications corporelles. Une attitude fort sage à une époque où les exercices ascétiques étaient souvent poussés aux extrêmes.

C'était l'époque aussi où venait d'être promulguée à Rome la nouvelle procédure officielle de canonisation par les papes fondée sur « l'héroïsme des vertus ». Lui reprocha-t-on son manque d'héroïcité ? Ce n'est pas exclu, quand on voit que les quatre tentatives de canonisation, qui se succédèrent sous quatre papes différents et dont aucune n'aboutit, ont souffert de l'intervention pointilleuse et procédurière des théologiens, alors qu'auparavant seul l'élan populaire faisait les saints. Le peuple d'ailleurs ne s'y trompa pas et la considéra comme sainte dès sa mort, de sorte qu'à la fin du XVIe siècle, comme elle était l'objet d'une dévotion profonde et ancienne, son nom fut inscrit sans autre forme de procès au catalogue des saints.

La longue réticence romaine à l'égard de l'abbesse révèle une méfiance atavique des hautes autorités ecclésiastiques à l'égard des charismes exceptionnels comme ceux de Hildegarde dont la relation à Dieu, l'union mystique, est directe et n'emprunte pas les voies balisées par les institutions ecclésiales, les liturgistes ou les théologiens. En ce qui concerne Hildegarde, Rome finit par céder sous la pression du peuple chrétien, et au vu des nombreux miracles qui lui furent attribués pendant sa vie et après sa mort.

L'autorité qu'elle exerce sur sa communauté n'entrave en rien le déroulement des visions qui se succèdent et qu'elle consigne par écrit dans un ouvrage qu'elle baptise *Scivias*, du latin *Sci vias Domini*, « Sache les voies du Seigneur ». Elle est assistée dans cette tâche par le moine Volmar, issu de Disibodenberg comme elle, mais de l'abbaye des hommes. Elle le considère comme son « unique et très cher fils ». La rédaction du *Scivias* prendra dix ans et ne s'achèvera qu'en 1151 lorsque l'abbesse aura cinquante-trois ans. Pendant ces dix années, la vie continue au monastère où les moniales affluent de plus en plus nombreuses. Un jour, Hildegarde reçoit dans une vision « un ordre d'en haut » l'enjoignant de quitter Disibodenberg pour fonder un nouveau monastère sur la colline de Saint-Ruppert sur le Rhin. Un ordre auquel elle ne se dérobe pas mais qui cause une vive contrariété aux moniales peu pressées de quitter leur couvent, et surtout aux moines du couvent des hommes encore moins pressés de laisser partir les moniales et avec elles une part substantielle des revenus du monastère et des dons des fidèles. Hildegarde est alors vivement critiquée et l'on met en doute ses visions.

L'arrivée du pape Eugène III à Trèves pour présider un concile en novembre 1147 va providentiellement calmer la controverse. L'évêque de Mayence, dont dépend l'abbaye, aborde avec le souverain pontife le cas Hildegarde. Eugène nomme une commission d'enquête afin de discerner l'exacte nature des visions de la grande abbesse. Ne faut-il pas y voir une incursion du Malin ou de quelque autre esprit mauvais, ceux-là même que redoutait tant le Moyen Âge ? Hildegarde remet aux enquêteurs les parties déjà rédigées du *Scivias*. Saint Bernard, autre grande figure du XIIe siècle, présent à Trèves, prend la défense de l'abbesse et de la réalité divine de ses visions, une opinion à laquelle se rallie le pape, qui lit à tout le concile des extraits du *Scivias*. Dès lors, la réputation de l'abbesse s'étend à toute la chrétienté.

Quelques années plus tard, une épreuve sévère blesse profondément la belle sensibilité de Hildegarde. Elle entretenait une relation très amicale avec une jeune religieuse du nom de Richardis, qui fut une de ses plus proches collaboratrices après la mort du moine Volmar. Elle disait l'aimer comme Paul aimait Timothée. En 1151, l'archevêque de Brême, frère de Richardis, semble prendre ombrage de cette amitié et décide de confier à cette sœur un autre monastère afin de l'éloigner de Hildegarde. Hildegarde se rebelle contre ce mauvais coup et déploie tous ses talents pour empêcher Richardis et sa sœur Adélaïde de quitter son monastère : « N'allez pas distraire mon âme et faire couler de mes yeux des larmes amères et remplir mon cœur de blessures cruelles, à propos de mes très chères filles Richardis et Adélaïde. » Elle va même jusqu'à écrire au pape qui, dans sa réponse, refuse de revenir sur la décision de l'archevêché. La séparation a lieu pour la plus grande souffrance de l'une et de l'autre. Richardis n'y survécut pas et mourut l'année suivante, ce qui amena l'archevêque à faire trop tardivement, hélas, son *mea-culpa*.

De tels événements étaient et sont sans doute encore fréquents dans l'Église. Que de vies brisées au nom de la « sainte obéissance », lorsque les mutations et les nominations des clercs s'effectuent sans ménagement et sans tenir compte des aspirations des personnes en cause et de leur sensibilité ! Que de talents gâchés, de charismes contrariés… on dirait aujourd'hui d'« erreurs de casting ». En matière d'obéissance, ça passe ou ça casse. Et parfois ça casse, d'où blessures morales, démoralisation, voire dépression. On comprend que tant de prêtres consultent des « psys ». Certes, les erreurs de casting sont le propre de toutes les institutions. Mais on rêverait que dans l'Église le souci des personnes soit porté à son plus haut niveau, ce qui suppose empathie, sympathie et attention à l'autre.

Me vient à l'esprit un souvenir : invité par le patriarche Bartholomé Ier de Constantinople (Istanbul) à participer à un colloque sur les relations du monothéisme et de l'écologie, je fus invité à la table du patriarche dans son monastère du Phanar. Dans son dos, un vitrail représentait saint Jean, la tête affectueusement posée sur la poitrine d'un Christ rayonnant de tendresse et de bonté. Me vint alors cette image de la romanité où l'on aurait préféré sans doute un saint Pierre bourru porteur des clés. L'Occident se méfie de l'affectivité, l'Orient chrétien l'assume et s'en nourrit. La tendre affection que se portaient ces vieux moines m'avait beaucoup frappé. Demandons à l'Église de prendre ses distances avec son éternelle tentation de valoriser le dolorisme et la souffrance, fût-ce les souffrances qu'elle engendre elle-même au nom de la sainte obéissance et de normes rigides et contraignantes. Il lui faudra un jour prendre davantage en considération les désirs et les besoins de ceux qui la servent et qu'elle ne doit pas desservir.

Mais revenons à notre grande abbesse.
Dans *Scivias* et les ouvrages qui suivront, Hildegarde décrit avec soin ses visions proprement apoca-

lyptiques. « Apocalypse » signifie révélation. Ce mot ne prit que plus tard le sens apocalyptique que nous lui donnons aujourd'hui. Ce sont donc des révélations que nous livre Hildegarde. Ces visions, elle ne les reçoit pas en extase, coupée de la réalité, mais ses yeux continuent à voir le réel tandis que son âme voit le divin. On a beaucoup glosé sur le contenu allégorique de ces visions souvent difficiles à interpréter et toujours centrées sur une trilogie, « Dieu, l'univers et l'homme », ce dernier étant l'image microcosmique de l'univers, le macrocosme. Une idée très en vogue au Moyen Âge dont les modes de pensée procédaient par analogie.

L'univers est le grand monde, le macrocosme ; l'homme, le petit monde, le microcosme. L'homme est un abrégé de l'univers. Celui-ci est un corps gigantesque dont les parties sont en rapport intime avec celles du corps humain. Ainsi le corps est-il relié à la tête comme la terre est reliée au firmament qui influe sur elle. Nous touchons ici à l'astrologie. Dans la rotondité de la tête, c'est la rotondité du firmament que l'on retrouve. Les yeux sont l'homologue des étoiles, les bras portent vers les extrémités du monde, les os sont les pierres, les veines les fleuves, les poumons les vents. Le macrocosme et le microcosme s'inscrivent dans l'infinitude de Dieu, Père, Fils et Saint-Esprit. En dessinant ses visions, Hildegarde met en scène un Christ cosmique annonçant la vision grandiose d'un Teilhard de Chardin. Elle voit l'homme, bras et jambes écartés inscrits dans un cercle, image traditionnelle du Moyen Âge mise au seul crédit de Léonard de Vinci (et devenue depuis l'emblème de la société Manpower…). À travers ce binôme macrocosme-microcosme, s'exprime ce besoin de cohérence propre à la société médiévale. Or nous vivons aujourd'hui dans une culture dont l'ultime réalité serait le hasard et non plus le sens.

Le rapport de l'homme à la nature est au cœur des préoccupations de notre abbesse visionnaire. Dans *Le Livre de la vie*, elle rend compte des méfaits perpétrés par l'homme et des déséquilibres qui en résultent. Elle prophétise la crise écologique quand elle écrit : « Maintenant, tous les vents sont remplis de la pourriture du feuillage, l'air crache de la saleté à tel point que les hommes ne peuvent même pas ouvrir la bouche comme il faut, la force verdoyante s'est fanée à cause de la folie impie des foules humaines aveugles [1]... » Et, plus loin, elle parle de la nature « bouleversée qui perd son équilibre et inflige aux hommes de grandes et nombreuses tribulations afin que l'homme, qui s'était tourné vers le Mal, soit par elle châtié [...]. La Terre ne doit pas être blessée, la Terre ne doit pas être détruite. Chaque fois que les éléments de la Terre seront violés par de mauvais traitements, Dieu les purifiera par des souffrances, par des tribulations du genre humain. Toute la Création est donnée par Dieu à l'humanité pour qu'elle l'utilise. Mais, en cas d'abus de ce privilège, la justice de Dieu permet à la Création de punir l'humanité ». Notons combien ces propos de la grande Hildegarde sont de la plus haute actualité ! Le réchauffement climatique, entraîné par l'émission des gaz à effet de serre produits par l'homme, illustre ce propos : la nature nous « punit » bel et bien pour nos excès.

---

1. Élisabeth Klein, *Viae ad physicam sanctae Hildegardis*, thèse de doctorat en médecine, Strasbourg, 1984, p. 205.

Visionnaire, poétesse, prophétesse, écologiste, Hildegarde est aussi thérapeute, médecin avant que ce mot ne soit réservé aux détenteurs d'une formation adaptée, acquise dans les universités qui n'existaient pas encore en son temps, hormis la célèbre école de médecine médiévale de Salerne en Italie. Plusieurs de mes collègues, notamment en Suisse et en Allemagne où Hildegarde est très présente, ont étudié ses pratiques thérapeutiques et sa pharmacopée. On y retrouve les grands thèmes développés autour de la pensée d'Hippocrate et de Galien. La santé résulte de l'équilibre des quatre éléments, le feu, la terre, l'eau et l'air, et des qualités qui leur correspondent, le chaud, le froid, l'humide et le sec. Équilibre aussi entre les quatre humeurs : le sang, la lymphe, la bile et l'atrabile ou bile noire, laquelle accompagne les pathologies. Ainsi ce sont les mauvaises humeurs qui font monter la fièvre. Et pendant la fièvre, « l'âme s'interroge si elle doit ou non quitter le corps ce qui pourrait se produire si les frissons sont trop forts… »

Hildegarde met dans sa pratique thérapeutique une touche personnelle et féminine, fondée sur son intuition très moderne qui l'amène à considérer chaque malade comme une personne unique. Elle met en œuvre pour chacun des soins appropriés à son cas. Cette médecine holistique avant la lettre est fondée sur la phytothérapie et l'hygiène, en particulier l'hygiène alimentaire. Ainsi conseille-t-elle de bouillir l'eau avant de la boire. Elle insiste sur les soins de l'esprit et considère qu'un bon moral est indispensable à la guérison.

Dans ses écrits sur la médecine, Hildegarde n'est pas prude et n'évite aucun sujet. Elle décrit la diversité des comportements sexuels, insistant sur le fait que le désir est toujours puissant mais pourtant inégal d'une personne à l'autre. L'abstinence est donc inégalement difficile pour les uns ou les autres selon leurs tempéraments ; une considération que l'Église, dans ses interdictions en matière sexuelle, ignore parfaitement. Comme on le croyait à son époque, elle considérait que la semence masculine fécondait le sang de la femme, et ne se prononce pas sur le moment où l'âme rentre dans le petit corps en formation dans le ventre de sa mère. Hildegarde mentionne les propriétés abortives de certaines plantes comme la rue, sans en condamner l'usage. Si une fausse couche ou un avortement surviennent avant que l'enfant ait une âme c'est seulement de la chair que la femme expulse, mais si l'âme est là, le nouvel être est déjà une personne destinée à parcourir sa vie terrestre en vue du ciel. Elle ne précise pas le moment exact de l'arrivée de l'âme, mais saint Thomas, au siècle suivant, fixera ce délai à trois mois après la conception.

Plongeant plus avant dans les pratiques thérapeutiques de Hildegarde, j'ai été frappé d'y trouver plusieurs composantes propres à tous les chamanismes : visions liées à la compréhension du mal et aux médications à utiliser que la vision révèle, rôle essentiel attribué au psychisme, expulsion des esprits mauvais qui parasitent le corps et l'esprit, chasse aux démons, autant de pratiques présentes dans la pensée sauvage et mises en œuvre par Hildegarde dans les mêmes conditions. Une distinction toutefois : Hildegarde ne semble pas effectuer ses exorcismes sous l'emprise de drogues végétales comme le font les chamanes d'Amérique, d'Afrique ou de Sibérie. Elle exerce un pouvoir mystérieux sur les malades qui lui sont présentés, comme l'atteste le laborieux exorcisme décrit en détail dans une pièce de la procédure de canonisation au titre de miracle.

La patiente est une jeune femme noble, dame Sigewize, qui « criait et faisait moult choses inconvenantes ». Tandis que ses contemporains y voient une classique possession démoniaque, Hildegarde raisonne en quelque sorte en scientifique et c'est une vision qui l'éclaire sur le cas : le démon ne pénètre pas dans l'être humain, mais il le recouvre seulement de son ombre, sinon l'homme serait dissous. « Pendant tout ce temps l'âme est comme engourdie et ignore ce que fait le corps charnel. » L'exorciste impuissant invoque l'intervention de Hildegarde. Elle conseille de choisir sept bons témoins à la vie exemplaire qui, après jeûnes et macérations, s'approcheront de la possédée en tenant chacun un bâton pour figurer le bâton dont Moïse frappa la mer Rouge pour la faire se retirer et le rocher pour faire jaillir l'eau dans le désert. Le prêtre prononcera au nom de Hildegarde : « Et moi je suis une femme ignorante et pauvrette et je t'ordonne de sortir de cette femme. » Lors de la mise en œuvre de ce rituel, l'esprit mauvais quitte en hurlant la possédée et l'on fait sonner les cloches à toute volée. Mais l'esprit malin réinvestit subitement sa victime à la consternation de l'entourage. Répondant à l'invitation de ceux qui l'interrogent sur ce retour inopiné du Malin qui ne sortirait, pensent-ils, qu'en présence de l'abbesse, dame Sigewize est donc transportée au couvent.

La suite du processus va se dérouler uniquement entre femmes à l'abbaye, et l'on sent, selon le récit qu'en fait Hildegarde, une secrète complicité entre elle-même et la malheureuse Sigewize. Hildegarde hésite sur la marche à suivre : doit-elle laisser le démon s'exprimer par la bouche de cette malheureuse ou doit-elle lui ordonner de se taire ? Elle penche finalement pour la première solution et laisse Sigewize s'exprimer. Celle-ci tient, à la stupeur des assistants, un discours parfaitement rationnel et théologiquement correct. Elle insiste sur les ravages de l'hérésie cathare qui sévit à l'époque et dont Hildegarde dans sa mansuétude a demandé que les représentants soient exclus de l'Église mais en aucune manière mis à mort. Pourtant le démon de Sigewize résiste. L'estocade lui sera portée le Samedi saint après un carême entièrement dédié à la prière pour la malheureuse possédée. Conduite à l'église du couvent, la jeune femme se met à trembler si fort « qu'elle troue le sol de ses pieds ». Hildegarde somme le démon de sortir du corps de cette femme et de laisser sa place à l'Esprit saint. Alors la jeune femme expulse l'esprit impur par ses « parties honteuses » en même temps que des « déjections fétides ». Ainsi délivrée, Sigewize resta au monastère le restant de sa vie.

Toujours comme dans le chamanisme, Hildegarde sort de l'épreuve épuisée ; elle s'alite en proie à l'une de ces formes récurrentes du mal qui la frappent chaque fois qu'un élément majeur, une vision ou un exorcisme laborieux épuise ses forces. Elle perd alors sa *viriditas*, sa viridité, terme qu'elle affectionne, exprimant la verdeur de la sève, la vigueur, la force vitale, l'entregent, bref la force de l'énergie vitale. Il lui faut chaque fois quarante jours pour s'en remettre, le temps que Jésus passa au désert lorsqu'il fut tenté par le démon.

Moniale, visionnaire, poétesse, prophétesse, exorciste, thaumaturge, Hildegarde ajoute d'autres traits encore à son génie. Musicienne, elle a composé plus de soixante-dix chants et hymnes dont certains ont été interprétés et enregistrés par des ensembles de musique médiévale contemporaine. Enfin, elle s'est illustrée dans le domaine linguistique en élaborant une langue inconnue, comprise et parlée d'elle seule, qui s'écrit avec un alphabet de vingt-trois lettres dans lequel manquent le *j*, le *v* et le *w*. Quels étaient le sens et le but de cette langue inconnue ? Un jeu ? Un langage initiatique ? Les linguistes s'interrogent sur cette autre singularité de la personnalité de Hildegarde [1].

On a compris que Hildegarde fut un génie. Elle domine le XIIe siècle avec son homologue masculin Bernard de Clairvaux. Sa renommée est telle que, comme Bernard, elle entretint une correspondance avec les rois, les empereurs, les prélats et les papes. Sa réputation est immense et elle le reste encore en Allemagne dont elle est la patronne. Son époque est marquée par la querelle des Investitures. On se battait pour savoir à qui revenait le droit de nommer papes, empereurs et évêques. C'est le temps des guelfes et des gibelins, deux mots qui évoquent une époque troublée du Moyen Âge. Les guelfes sont les alliés du pape, et les gibelins ceux du souverain. L'arrivée au pouvoir en 1152 de l'empereur Frédéric Barberousse, guelfe par sa mère et gibelin par son père, ne suffit pas à apaiser la querelle. L'empereur entend bien choisir lui-même le pape, tandis que le pape se reconnaît le pouvoir de nommer et de déposer les empereurs. Hildegarde est naturellement dans le camp du pape et écrit à Frédéric Barberousse des

---

1. Arnaud De La Croix, *Hildegarde de Bingen. La langue inconnue*, Monaco, Alphée, 2008.

lettres destinées à lui faire entendre raison. Elle trempe sa plume dans une sorte de vitriol divin, tant le fond est sévère mais la forme bien tournée. Après vingt ans de lutte en 1177, Frédéric Barberousse vaincu, fait amende honorable. Cette reddition survient cent ans après que l'empereur Henri IV a entamé cette querelle des Investitures, et qu'il a dû faire lui aussi amende honorable au pape Grégoire VII à Canossa. L'histoire voudrait qu'il y passât trois jours dans la neige au pied du château avant que le pape ne consentît à le relever de son excommunication. C'était en janvier 1077.

À la fin de sa vie, la renommée de Hildegarde s'étend à toute l'Europe. Elle prêche dans les cathédrales, à Cologne, à Trèves, à Metz, privilège pourtant jusque-là réservé aux hommes. Rien ne l'arrête : elle écrit à Irène, impératrice de Constantinople, à la reine d'Angleterre, prodiguant ses conseils et ne ménageant pas ses réprimandes. Mais elle reste modeste, insistant à tout propos sur son ignorance et sa « nullité absolue ».

Hildegarde meurt le 17 septembre 1179 à quatre-vingt-deux ans. Dans son excellente biographie, Régine Pernoud [1] la considère comme la « conscience inspirée » du XIIe siècle. Un siècle qu'elle domine de toute la hauteur de son humilité.

---

1. Régine Pernoud, *Hildegarde de Bingen, op. cit.*

Frère François, l'écologiste

Bien qu'un petit millénaire nous en sépare, François d'Assise est un homme de son temps, mais aussi du nôtre. Il annonce les valeurs portées par l'écologie. Il appartient à la bourgeoisie commerçante naissante, ébranlant les pouvoirs alors concentrés entre les mains des nobles et du clergé. C'est dans ce climat que François naît à Assise en 1182.

Sa famille, les Bernardone, vendait du drap et s'était confortablement enrichie à ce commerce. Son père fit en France de si juteuses affaires qu'il baptisa son fils François à son retour de Provence. Jusque-là, il s'appelait Jean. Il devint alors François. Tout italien qu'il fût, François parlait notre langue.

Rares sont les personnages qui bénéficièrent, depuis ce XIIe siècle finissant, d'autant de biographies et d'hagiographies. Pas moins de dix biographies lui ont été consacrées au cours des vingt dernières années en France, parmi lesquelles celles de Jacques Le Goff, de Christian Bobin, de Stan Rougier, de Raoul Manselli, d'André Vauchez et de Julien Green [1].

---

1. Jacques Le Goff, *Saint François d'Assise*, Paris, Gallimard, 1999 ; Christian Bobin, *Le Très-Bas*, Paris, Gallimard, 1992 ; Stan Rougier, *Saint François d'Assise ou la puissance de l'amour*,

Nikos Kazantzakis [1] lui consacra un ouvrage un peu plus ancien mais admirable. Un record absolu en matière d'édition.

Remontons aux sources. François est mort en 1226 à l'âge de quarante-quatre ans, puis canonisé à peine deux ans plus tard par Grégoire IX. Sa vie et son œuvre font l'objet d'une première biographie rédigée à la demande du pape par un frère franciscain, Thomas de Celano [2]. Le premier paragraphe de cet ouvrage paru deux ans après sa mort annonce d'emblée la couleur : « Dans la ville d'Assise, sur le territoire de la vallée de Spolète vivait un homme nommé François qui dès ses premières années fut élevé par ses parents dans un luxe insensé, conformément à la frivolité du monde. Après avoir longtemps suivi leur triste conduite, il finit par devenir encore plus frivole qu'eux et plus dévergondé. » Puis, s'inspirant des confessions de saint Augustin qui ne cacha rien de sa jeunesse turbulente, il ajoute que le jeune François « est supérieur à tous ses camarades en fait de frivolité ; il s'était fait leur boute-en-train, les excitait au mal, et rivalisait de sottises avec eux. Il les éblouissait tous, cherchait à se distinguer en démonstration de vaine gloire : jeux, farces, bouffonneries, plaisanteries, chansons, habits moelleux et flottants.

Paris, Albin Michel, 2009 ; Raoul Manselli, *François d'Assise*, Paris, Le Cerf-éditions Franciscaines, 2004 ; André Vauchez, *François d'Assise*, Paris, Fayard, 2009 ; Julien Green, *Frère François*, Paris, Seuil, 1983, rééd. 2005.

1. Nikos Kazantzakis, *Le Pauvre d'Assise*, Paris, Plon, 1957.
2. Thomas de Celano, *Saint François d'Assise. Documents écrits et premières biographies*, rassemblés et présentés par les PP. Théophile Desbonnets et Damien Vorreux, Paris, éditions Franciscaines, 1968.

Il était en effet très riche mais nullement avare pour autant ; dépensier au contraire ; très habile en affaires, mais ne regardant pas aux folles dépenses... attirant tout un cortège de jeunes gens adonnés au mal et habitués au vice. »

Cette évocation de la jeunesse tumultueuse du jeune François fit scandale parmi ceux des frères en religion qui l'avaient connu plus tard, transformé et sanctifié. Le ministre général de l'ordre des Franciscains commanda alors à frère Thomas de Celano de revoir sa copie. Ce qui fut fait sous la forme d'une nouvelle biographie, la *vita secunda*, qui parut vingt ans plus tard [1]. Cette biographie se transforme en pieuse hagiographie, et comme il se devait à l'époque, François nous paraît parfait et prédestiné à sa glorieuse carrière de grand saint dès le sein de sa mère. Thomas insiste sur son « cœur d'or », son refus « de toute injustice », sa légendaire « courtoisie », des qualités qui au demeurant ne contredisent pas la description plus colorée du premier récit, la *vita prima*.

Frère Thomas s'inspire des témoignages des tout premiers compagnons de frère François, les frères Ange, Léon et Ruffin. Un trio qui nous a laissé un autre manuscrit, *La Légende des trois compagnons*, très coloré lui aussi.

De ces récits premiers, il ressort que le jeune François fit la guerre contre la noblesse d'Assise et de Pérouse et subit une année d'emprisonnement. Il vécut mal sa captivité, tomba malade et, à son retour à Assise, dut modérer ses élans. Il abandonne alors le projet qu'il caressait d'être adoubé dans la chevalerie. Mûri par sa captivité, il prend ses distances avec ses

---

1. *Ibid.*

compagnons de jeu et commence à fréquenter chapelles et églises. En prière devant le crucifix dans la chapelle Saint-Damien, il entend une voix lui demander « de réparer son église en ruine ». Il prend cette céleste injonction à la lettre, prélève sur les stocks de son père des draps et des étoffes et va les vendre pour se procurer les moyens de reconstruire Saint-Damien. Furieux, Pierre Bernardone le traduit devant le tribunal de l'évêque ; il est entendu lors d'une audition publique sur la place centrale d'Assise, où il rend l'argent qui lui reste à son père, quitte ses vêtements, se retrouve entièrement nu et déclare qu'il n'a plus désormais qu'un seul père : « Jusqu'ici je t'ai appelé père sur la terre ; désormais je peux dire : "Notre Père qui êtes aux cieux", puisque c'est à Lui que j'ai confié mon trésor et donné ma foi. » Nous sommes au printemps 1206, il a vingt-quatre ans.

Il répare aussi la chapelle de la Portioncule où il entend un autre message l'invitant à abandonner tous ses biens et à épouser « Dame Pauvreté ». Désormais, il vivra de travail manuel ou d'aumône. Il prêche de ville en ville, à temps et à contretemps, et des frères le rejoignent. En 1210, il rédige une première règle pour sa communauté récente avec l'assentiment du pape qui, en rêve, l'a vu soutenir la basilique romaine de Saint-Jean-de-Latran effectivement en ruine. Voilà donc cette église qu'il convient de réparer, non seulement une église de pierre, mais l'Église elle-même, soumise à toutes les vicissitudes de ses conflits avec l'empereur du Saint-Empire romain germanique.

Son message d'amour et de pauvreté touche aussi les femmes, et en 1212, il accueille Claire Offreduccio fondant avec elle l'ordre des Pauvres Dames, dites plus tard Clarisses, en référence à sainte Claire, et les installe à Saint-Damien. Puis tout va très vite. Les fondations franciscaines se multiplient à la vitesse de la foudre et François se retrouve bientôt débordé. Il confie alors la direction de l'ordre à des frères qu'il juge plus compétents que lui pour cette tâche, notamment à frère Élie qui tentera de le circonvenir et de le pousser de côté. En 1222, à Bologne, il crée un troisième ordre destiné aux laïcs le Tiers Ordre franciscain. Attiré par la vie érémitique, François prend de la distance, entre en extase de plus en plus souvent et, le 17 septembre 1224, reçoit les stigmates. Il bénéficie de l'affection de sœur Claire qui l'accueille avec tendresse et bonté à Saint-Damien, où elle lui mitonne de petits plats auxquels il ne goûte qu'après y avoir ajouté de la cendre en guise de pénitence. Austérité typiquement médiévale ! Il est peu douteux qu'un grand amour platonique ait uni François et Claire. Un amour courtois où Claire fut sans doute la dame de ses pensées. Aussi ne la visitait-il que fort rarement et toujours avec grande émotion. Accompagné de son fidèle frère Léon, il se retire sur le mont Alverne, où selon les témoins de ses jours ultimes, il vécut quasiment perpétuellement en extase ce qui n'a été dit d'aucun autre grand saint.

Mais où se cache donc l'écologie dans cet extraordinaire parcours. Où se cache la modernité de François ?

Alors que l'Église n'avait cessé dans sa théologie d'exhausser l'homme et de lui assigner une place de plus en plus éminente dans la nature, François dans la lignée des Pères de l'Église la réhabilite. Ainsi de ses « sermons aux oiseaux » rapportés par Thomas de Celano : « Le bienheureux Frère François prit la route et suivit la vallée de Spolète. Comme il approchait de Bevagna, il rencontra, rassemblés par bandes entières, des oiseaux de tout genre : des ramiers, des corneilles et des freux. Sitôt qu'il les vit, il planta là ses compagnons sur la route et courut vers les oiseaux : son amour était si débordant qu'il témoignait même aux créatures inférieures et privées de raison une grande affection et une grande douceur. Arrivé tout près d'eux, il constata que les oiseaux l'attendaient ; il leur adressa son salut habituel, s'émerveilla de ce qu'ils ne se fussent pas envolés comme ils font d'habitude, leur dit qu'ils devaient écouter la parole de Dieu et les pria humblement d'être attentifs.

« Il leur dit, entre autres choses : "Mes frères les oiseaux, vous avez bien sujet de louer votre Créateur et de l'aimer toujours : il vous a donné des plumes pour vous vêtir, des ailes pour voler, et tout ce dont vous avez besoin pour vivre. De toutes les créatures de Dieu, c'est vous qui avez meilleure grâce ; il vous a dévolu pour champ l'espace et sa limpidité ; vous n'avez ni à semer ni à moissonner : il vous donne le vivre et le couvert sans que vous ayez à vous en inquiéter." À ces mots, rapportent le saint lui-même et ses compagnons, les oiseaux exprimèrent à leur façon une admirable joie : ils allongeaient le cou, déployaient leurs ailes, ouvraient le bec et regardaient attentivement. Lui allait et venait parmi eux, frôlait de sa tunique leurs têtes et leurs corps. Finalement, il les bénit, traça sur eux le signe de la croix et leur permit de s'envoler. Il reprit la route avec ses compagnons et, délirant de joie, rendit grâces à Dieu qui est ainsi reconnu et vénéré par toutes ses créatures.

« Il n'était pas simple d'esprit, mais il avait la grâce de la simplicité, aussi s'accusa-t-il de négligence pour n'avoir pas encore jusque-là prêché aux oiseaux puisque ces animaux écoutaient avec tant de respect la parole de Dieu. Et à partir de ce jour, il ne manquait pas d'exhorter tous les oiseaux, tous les animaux, les reptiles et même les créatures insensibles, à louer et aimer le Créateur, car, à l'invocation du nom du Sauveur, il faisait tous les jours l'expérience de leur docilité.

« Il arriva un jour, pour prêcher la parole de Dieu, dans un bourg nommé Alviano, qu'il grimpa sur un perron pour être mieux vu de tous et demanda le silence ; la foule se tut et attendit respectueusement. Mais une bande d'hirondelles gazouillaient et criaient à tue-tête autour de leurs nids, et le bienheureux François qui n'arrivait pas à se faire entendre les prit à partie : "Mes sœurs hirondelles, vous avez bien assez parlé jusqu'ici ; à mon tour maintenant. Écoutez la parole du Seigneur, gardez le silence et ne bougez plus jusqu'à ce que j'aie fini de parler du Seigneur !" À la stupeur et à l'émerveillement de tous, elles se turent aussitôt et restèrent en place sans bouger jusqu'à la fin du sermon. Et les témoins de ce prodige admiraient, en se disant : "Vraiment cet homme est un saint et l'ami du Très-Haut !" Dans leur dévotion, ils se pressaient autour de lui pour au moins toucher ses vêtements, tout en louant et bénissant Dieu.

« Et, de fait, quelle merveille de voir combien ces créatures sans raison devinaient l'affection et la tendresse qu'il avait pour elles [1] ! »

---

1. *Ibid.*, p. 242-243.

En voici un autre exemple : « Il séjournait alors à Greccio ; un frère lui apporta, encore vivant, un levraut pris au collet. À sa vue, le bienheureux fut touché de compassion : "Petit frère, lui dit-il, viens ici. Pourquoi t'es-tu laissé prendre ?" Sitôt lâché par le frère qui le tenait, il se précipita de lui-même vers François et se blottit dans son sein comme en lieu sûr. Le bienheureux Frère le caressa un moment avec tendresse, puis lui donna congé pour qu'il regagnât la forêt en toute liberté. Mais on avait beau le mettre à terre, d'un bond il revenait au Père, qui ordonna finalement de le retourner à sa forêt qui était toute proche. La même scène eut lieu avec un lapereau – un des animaux les plus sauvages pourtant – dans une île du lac de Pérouse.

« Il éprouvait les mêmes sentiments pour les poissons et, quand l'occasion s'en présentait, rejetait à l'eau ceux qu'on avait capturés vivants, leur recommandant bien de ne plus se laisser prendre désormais. Un jour qu'il se trouvait en barque près d'un port du lac de Rieti, un pêcheur vint lui offrir en témoignage de vénération une magnifique tanche qu'il venait de prendre. Il accepta joyeusement le poisson, l'appela son frère, et le replaçant dans l'eau entonna les louanges du Seigneur. Tant que dura la prière, le poisson prit ses ébats le long du bateau et ne s'éloigna que lorsque le saint, sa prière terminée, lui eut permis de s'en aller [1]. »

C'est dans les *Fioretti*[2], les petites fleurs, écrit anonyme datant du XIVe siècle comportant cinquante-

---

1. *Ibid.*, p. 243-244.
2. *Fioretti de saint François*, Paris, Éditions Franciscaines, 1953.

trois histoires relatives à saint François et à ses frères, que figure, dans le vingt et unième récit, la fameuse « conversion » du « très féroce loup de Gubbio ». Ce loup, par sa cruauté, épouvantait les habitants de cette ville où François était de passage. Pris de pitié et pour les habitants et pour le loup, François accompagné de compagnons tremblants alla à la rencontre du fauve et s'approchant de lui, lui commanda de la part du Christ de ne faire du mal ni à lui ni à personne. Aussitôt que saint François eut tracé le signe de croix, le loup s'apaisa et se coucha comme un agneau au pied du saint. François parlementa alors avec la bête qui lui fit la promesse de se comporter désormais comme un animal paisible et amical dépourvu de toute cruauté. Le loup s'engagea en levant la patte droite et en la mettant familièrement dans la main de saint François. Il vécut encore deux ans en pleine amitié avec les habitants de Gubbio tenant la promesse qu'il avait faite au saint.

Cet épisode valut à saint François d'être proclamé patron des louveteaux, la branche junior du scoutisme. Louveteau moi-même, je le tenais en grande vénération et en grande admiration. Sa vie m'était familière, et les légendes des *Fioretti* qu'on nous contait, valaient plus à mes yeux que le déluge d'informations qui s'abat sur nous désormais. Nos enfants connaissent-ils encore saint François ? le loup de Gubbio ? le bel épisode des tourterelles que François sauva des mains de leur vendeur en leur construisant des nids, convertissant ainsi les premières et le second qui devint un frère franciscain ?

François reste un personnage clé de mon enfance, un homme, un saint que j'admirais plus que tout, si proche, si familier. Et je m'interroge : nos enfants d'aujourd'hui, qui aiment-ils ? Qui admirent-ils ? Quels sont leurs modèles ? À qui aimeraient-ils ressembler ? Aux héros de bandes dessinées ou aux personnages virtuels des jeux vidéo ? Est-ce suffisant ? Évidemment non. Mais nos enfants aiment les animaux comme j'aime ma petite chienne Sarah. Elle portait ce nom prestigieux, pensez donc, celui de l'épouse d'Abraham lorsque nous l'adoptâmes au chenil de la SPA ! D'humeur légère et généreuse en câlins, je l'ai rebaptisée Pépète. Ce petit griffon m'amène à méditer sur cette idée qui appartenait à nos ancêtres du Moyen Âge : la beauté de la nature révèle la beauté du Créateur. Pépète est belle avec sa chaude fourrure poivre et sel. Lorsque je la taquine, elle ne boude jamais, parfaitement innocente comme si le mal n'avait aucune prise sur elle. Elle est affectueuse et innocente, François l'eût sans doute aimée. Bizarrement on ne parle pas de chiens dans ses biographies, mais davantage des brebis qui si souvent l'accompagnaient. Lorsqu'en 1223, trois ans avant sa mort, il eut l'idée d'inventer la première crèche de l'histoire, à Greccio, François prit soin d'entourer la mangeoire où avait été placé l'enfant Jésus, d'un âne et d'un bœuf qui le réchauffaient de leur souffle. Riche décidément est l'histoire de frère François.

Huit siècles après lui, nos contemporains s'interrogent sur les dégâts environnementaux causés par la violente prédation des hommes. Acceptons d'hériter de François cette sensibilité belle et naïve qui le portait vers toutes les créatures « dénuées de raison » comme le disaient les théologiens à son époque, nature vivante mais aussi nature inanimée qu'il célébra dans son fameux chant des créatures.

Très moderne aussi et très évangélique, l'attitude de François pour l'argent à l'égard duquel il prend la plus grande distance, nourrissant ainsi une réflexion opportune pour notre temps. Il ne mâche pas ses mots. Il veut même que son ordre naissant soit un ordre mendiant. Les frères doivent donc vivre d'aumônes et de préférence d'aumônes en nature ; il est hors de question d'accumuler des biens et plus encore d'accumuler des sous. Sur ce point, on sent chez François une sorte de violence indignée lorsqu'un de ses frères est tenté par le désir de posséder ceux-ci au mépris de sa chère « Dame Pauvreté ».

On lit dans la biographie de Thomas de Celano : « L'ami de Dieu témoignait un souverain mépris à toutes les vanités du monde, mais plus que tout il exécrait l'argent. Dès le début de sa conversion, il le tint pour abject et par la suite il recommanda toujours à ses disciples de l'éviter comme le diable. Sa formule était de ne pas accorder à l'argent plus de prix qu'au fumier. »

Dans la crise mondiale que traverse l'humanité, la relation à l'argent est au cœur des débats. Les glorieux milliardaires dont on nous rebat les oreilles et les dévoiements du capitalisme financier ont produit une société dont l'argent est la valeur suprême. Pire encore, des courants évangéliques américains ont réussi ce tour de force de servir à la fois et Dieu et l'argent, en parfaite contradiction avec la célèbre phrase de l'Évangile. De ce point de vue, ceux qui détiennent la fortune jouissent de la bienveillance et de la bénédiction divine. Les pauvres, au contraire, n'ont que ce qu'ils méritent ! On rendra hommage à François d'avoir tapé si fort pour nous rappeler, huit siècles plus tard, que si nous ne revoyons pas à la baisse cette nouvelle idolâtrie, c'est la terre et l'humanité entières qui se détruiront, victimes d'une crise écologique majeure que plus rien ni personne ne pourront contenir.

Ami de la biodiversité, pratiquant une « sobriété heureuse » selon la belle expression de Pierre Rabhi [1], François est moderne aussi par son rêve de non-violence. On est à l'époque des croisades : François prend part à sa manière et se met en tête de convertir le sultan des Sarrasins. S'il n'y parvient pas, il ne manquera pas de subir le martyre. Le voilà donc embarquant pour l'Orient, mais sans succès puisque le bateau qui le transporte doit achever son périple drossé par la tempête sur la côte adriatique. La deuxième tentative doit l'emmener au Maroc où règne un autre sultan, le Miramolin.

Mais François tombe malade en route et doit rebrousser chemin. La troisième tentative est la bonne. En 1219 il embarque pour l'Égypte. C'est à l'époque du siège de Damiette, sous le sultan Medek el Kamel. Profitant d'une trêve momentanée, François réussit à s'infiltrer dans les lignes des Sarrasins. Aussitôt arrêté, il est accablé de coups et d'injures. Pourtant, il finit par être conduit auprès du sultan qui le reçoit avec curiosité. Il tente de l'amener à la religion du Christ, mais sans succès. Le sultan cependant est impressionné par la verve, le courage, le charisme de ce gueux qui comparaît devant lui. Loin de le vouer à la mort et donc au martyre, il veut le

---

[1]. Pierre Rabhi, *Vers la sobriété heureuse*, Arles, Actes Sud, 2010.

combler de cadeaux, à charge pour lui de les distribuer à son retour à ses frères. Mais François ne l'entend pas de cette oreille : il se retire après avoir gagné la confiance du sultan, mais sans être parvenu à le convaincre. Tel est le récit conté par Thomas de Celano. Dans une biographie plus tardive due à Bonaventure [1], l'auteur laisse entendre que le sultan fut subjugué par les propos de François et qu'il aurait hésité à le suivre craignant pour sa vie et pour celle du saint au cas où il aurait renoncé à l'islam. Plus tardif encore, les *Fioretti* enjolivent l'affaire et terminent l'épisode par la conversion du sultan... de Babylone ! Quoi qu'il en soit de cette étrange entrevue, François a fait les croisades à sa manière sans autres armes que la ferveur de ses convictions chrétiennes. Étonnante démonstration de non-violence à une époque où les mœurs étaient certes plus viriles et plus brutales que de nos jours. Encore que...

Il conviendrait d'insister encore sur l'immense sainteté de frère François, sa bonté, son attention aux pauvres, son souci pour ses frères et surtout la joie qu'en toutes circonstances il dégageait, fredonnant ou chantant des psaumes à tue-tête. Un saint triste est un triste saint, dit l'adage ; rien de tel chez frère François. Le procès en canonisation fit état de quantité de miracles dus à son intercession et sur lesquels ses hagiographes insistent beaucoup, dans la tradition d'une époque friande de légendes et de merveilleux. Parmi les miracles, l'un au moins est contemporain : à l'invitation de Jean-Paul II et sous le patronage de

---

1. Saint Bonaventure, *Vie de Saint François d'Assise*, 1266, *in* Thomas de Celano, *Saint François d'Assise, op. cit.*

saint François, les plus hautes autorités de toutes les religions du monde se réunirent pour la première fois à Assise en 1986. Et Jean-Paul II a proclamé François patron des écologistes, ce qui correspond bien à son charisme.

François nous émerveille par sa légèreté et sa profondeur. Il manie avec facétie le paradoxe comme dans ce fameux épisode de la joie parfaite rapporté dans les *Fioretti*.

Sur une route enneigée, au cours d'une terrible tempête, François explique à frère Léon, son compagnon de tous les jours, ce qu'est à ses yeux la joie parfaite [1] : « Ô Frère Léon, alors même que les frères mineurs donneraient en tout le pays un grand exemple de sainteté et de bonne édification, néanmoins écris et note avec soin que là n'est point la joie parfaite... » Puis, un peu plus tard : « Ô Frère Léon, quand même le frère mineur ferait les aveugles voir, redresserait les contrefaits, chasserait les démons, rendrait l'ouïe aux sourds, le marcher aux boiteux, la parole aux muets et, ce qui est plus grand miracle, ressusciterait des morts de quatre jours, écris qu'en cela n'est point la joie parfaite... » Un peu plus tard encore : « Ô Frère Léon, si le frère mineur savait toutes les langues, toutes les sciences et toutes les écritures, en sorte qu'il saurait prophétiser et révéler non seulement les choses futures, mais même les secrets des consciences et des âmes, écris qu'en cela n'est point la joie parfaite... » Puis, continuant à cheminer, il s'exclame d'une voix forte : « Ô Frère Léon, petite brebis de Dieu, quand même le frère mineur

---

1. *Fioretti de saint François d'Assise*, op. cit., p. 34-36.

parlerait la langue des anges et saurait le cours des astres et les vertus des herbes, et que lui seraient révélés tous les trésors de la terre, et qu'il connaîtrait les vertus des oiseaux et des poissons, de tous les animaux et des hommes, des arbres et des pierres, des racines et des eaux, écris qu'en cela n'est point la joie parfaite... »

Et comme de tels propos ont bien duré pendant deux milles, frère Léon, fort étonné, l'interroge : « Père, je te prie, de la part de Dieu de me dire où est la joie parfaite. » François lui répond alors : « Quand nous arriverons à Sainte-Marie-des-Anges, ainsi trempés par la pluie et glacés par le froid, souillés de boue et tourmentés par la faim, et que nous frapperons à la porte du couvent, et que le portier viendra en colère et dira : "Qui êtes-vous ?" et que nous lui répondrons : "Nous sommes deux de vos frères", et qu'il dira : "Vous ne dites pas vrai, vous êtes même deux ribauds qui allez trompant le monde et volant les aumônes des pauvres ; allez-vous en !" ; et quand il ne nous ouvrira pas et qu'il nous fera rester dehors dans la neige et la pluie, avec le froid et la faim, jusqu'à la nuit, alors si nous supportons avec patience, sans trouble et sans murmurer contre lui, tant d'injures et tant de cruauté et tant de rebuffades, et si nous pensons avec humilité et charité que ce portier nous connaît véritablement, et que Dieu le fait parler contre nous, ô Frère Léon, écris que là est la joie parfaite [...]. Et si nous, contraints pourtant par la faim et par le froid et par la nuit, nous frappons encore et appelons et le supplions pour l'amour de Dieu, avec de grands gémissements, de nous ouvrir et de nous faire cependant entrer, et qu'il dise, plus irrité encore : "Ceux-ci sont des vauriens importuns, et je vais les payer comme ils le méritent", et s'il sort avec un bâton noueux, et qu'il nous saisisse par le capuchon, et nous jette à terre, et nous roule dans la neige, et nous frappe de tous les nœuds de ce bâton, si tout cela nous le supportons patiemment et avec allégresse, en pensant aux souffrances du Christ béni que nous devons supporter pour son amour, ô Frère Léon, écris qu'en cela la joie est parfaite. Et enfin écoute la conclusion, Frère Léon : au-dessus de toutes les grâces et dons de l'Esprit saint que le Christ accorde à ses amis, il y a celui de se vaincre soi-même, et de supporter volontiers pour l'amour du Christ les peines, les injures, les opprobres et les incommodités. »

Tel était François. Il aimait Dieu, les hommes, les pauvres surtout, les animaux aussi, et toute la nature ; mais pas les livres. Il se méfiait des belles constructions intellectuelles des théologiens, de l'orgueil que confère le savoir quand il prétend en remontrer à tous. On pourrait mettre sur ses lèvres les termes d'une célèbre lettre de saint Bernard de Clairvaux, son prédécesseur qui, bien que grand théologien, écrivit : « Rapportez-vous en, mon cher ami, à ma propre expérience. On apprend beaucoup plus de choses dans les bois que dans les livres ; les arbres et les rochers vous enseigneront des choses que vous ne sauriez entendre ailleurs [...]. Ne savez-vous pas que la joie distille de nos montagnes, que le lait et le miel coulent dans nos collines, et que nos vallons regorgent de froment [1] ? »

---

1. Lettre 106 de saint Bernard à Henri Murdach.

Frère François, l'écologiste

Ernest Renan, pourtant peu suspect de flagornerie à l'égard de l'Église, a croqué la personnalité de François en ces termes : « Après Jésus, le *Poverello* est l'homme qui a eu le sentiment le plus vif de sa relation filiale avec le Père Céleste. Sa vie est une perpétuelle ivresse d'amour divin. Son œil clair et profond comme celui de l'enfant a vu les derniers secrets, ces choses que Dieu cache aux prudents et révèle aux petits. Ce qui le distingue en son siècle et dans tous les siècles, ce qui fait sa haute singularité, c'est d'avoir, avec une foi et un amour sans borne, entrepris l'accomplissement du programme de Galilée. Il ne dédaigne rien ; il aime tout ; il a une joie et une larme pour tout ; une fleur le jette dans le ravissement ; il ne voit dans la nature que des frères et des sœurs. Tout a pour lui un sens et une beauté, on connaît ce cantique admirable qu'il appela lui-même "le chant des créatures", le plus beau morceau de poésie religieuse depuis les Évangiles. On peut dire que, depuis Jésus, François d'Assise a été le seul parfait chrétien [1]. »

---

1. *Cf.* Omer Englebert, *La Fleur des saints : 1910 prénoms et leur histoire suivant l'ordre du calendrier*, Paris, Albin Michel, 1984, p. 324-325.

Les « mugissements » de saint Thomas d'Aquin

Dans ces portraits de saints, il me fallait, universitaire, un collègue. Je me décidai, mais à contrecœur, pour Thomas d'Aquin. Ce personnage, que je connaissais mal, représentait, à mes yeux, cette austérité et ce décalage avec la vie réelle que l'on prête aux études dispensées dans les grands séminaires. Fallait-il, au XXIe siècle, accorder tant de place à un philosophe du XIIIe ? N'eût-il pas été préférable d'enseigner aux futurs prêtres les rudiments de la biologie et de la psychologie, les ouvrant ainsi aux mystères et aux épreuves de la vie à laquelle leur tâche pastorale allait les confronter au quotidien ? Mais saint Thomas ! En plus, il écrivit deux *Sommes*. Sa lecture ne risquait-elle pas d'être… assommante ? Dépassé et assommant, c'est ainsi que je sentais saint Thomas ! Eh bien, je me trompais. Qu'on en juge !

Thomas d'Aquin, né en 1225, prend le relais de François d'Assise, mort en 1226. Cette même année ouvre le règne de Saint Louis. Les premières universités voient le jour à Paris et à Oxford tandis que les

Heureux les simples

cathédrales gothiques s'élancent vers le ciel. En ce XIIIe siècle, la chrétienté médiévale est à son apogée et la vie de saint Thomas s'inscrira entièrement dans ce siècle. Yvan Gobry nous en a donné une remarquable et récente biographie [1] qui ne tombe jamais dans les travers de la pieuse hagiographie.

Thomas naquit dans la forteresse de Roccasecca près de la petite ville d'Aquino entre Naples et Rome, non loin de la célèbre abbaye bénédictine du Mont-Cassin fondée par saint Benoît en 529 et qui rayonna sur toute l'Europe médiévale. Benoît y rédigea la règle monastique qui porte son nom et dont, à son apogée, quarante mille abbayes se réclamaient. C'est aussi au Mont-Cassin que ce célèbre fondateur d'ordre, proclamé Patron de l'Europe, mourut vers 547.

La proximité et la célébrité du Mont-Cassin amenèrent tout naturellement les parents du jeune Thomas à lui confier leur petit garçon âgé de cinq ans pour qu'il y débutât ses études. Ses parents, nobles d'ascendance germanique et normande, les deux pays qui occupaient alors le sud de l'Italie, destinaient, comme il était de coutume, leur sixième et dernier enfant à une carrière ecclésiastique.

Très tôt, le petit Thomas avait manifesté une inclination particulière pour la prière et la méditation. « Qui est Dieu ? » demandait-il dans sa plus tendre enfance. Il avait de qui tenir puisque son parrain de baptême n'était autre que le pape Honorius III. Dans ces conditions, les hautes carrières ecclésiastiques ne pouvaient que lui être promises. La famille ne cachait pas son ambition de voir un jour leur enfant accéder

---

1. Yvan Gobry, *Saint Thomas d'Aquin*, Paris, Salvator, 2005.

à la fonction, ô combien prestigieuse, de père abbé du riche monastère. Son instruction se fit, comme il était d'usage à l'époque, en latin. Il apprit la grammaire, l'histoire et l'arithmétique et reçut une solide formation religieuse. Comme lors d'une promenade il se tenait à l'écart de ses camarades, semblant pensif, le moine qui accompagnait les enfants s'enquit de ses pensées. Il répondit à nouveau : « J'aimerais qu'on me réponde à la question : qui est Dieu ? » Cette question le taraudait et l'envie, chez cet enfant pieux, d'en savoir davantage annonçait d'évidentes prédispositions aux études de théologie.

À l'âge de quatorze ans, ses parents l'inscrivirent à la jeune université de Naples aux professeurs réputés. On lui adjoignit un chapelain, clerc de son état, pour veiller sur sa vertu, mais le jeune enfant n'en eut guère besoin, tant étaient exemplaires ses qualités intellectuelles, morales et spirituelles. Cherchant à se rapprocher d'une communauté priante, comme il avait apprécié l'entourage des moines du Mont-Cassin, il se lia d'amitié avec les frères prêcheurs appartenant à l'ordre tout nouvellement créé par Dominique de Guzmán : les Dominicains.

Le commerce avec les prêcheurs, chez qui il trouvait à la fois piété et science, lui convint parfaitement. Il se sentait attiré par ces religieux, déplorant que ses parents le destinassent à un tout autre avenir : en faire l'abbé du Mont-Cassin. Comment dès lors eussent-ils pu accepter qu'il fît partie d'un ordre mendiant ? Sur ces entrefaites, son père mourut et il se sentit plus libre de suivre le destin qui lui semblait être le sien. C'était sans compter sur l'hostilité farouche de sa mère Théodora. Théodora partit donc pour Naples avec une petite troupe de fidèles pour récupérer ce fils désobéissant. Mais le prieur, informé de cette offensive qui visait son couvent, installa son protégé dans la communauté Sainte-Sabine à Rome. Ne s'avouant pas vaincue, Théodora rebroussa chemin et de retour à Rome, apprit que son fils Thomas, que les Dominicains voulaient à tout prix sauver des assauts de sa mère, était en route pour le couvent de Bologne. La redoutable comtesse intima alors à deux de ses fils, militaires à l'état-major de l'armée impériale, de kidnapper au passage l'intrépide jeune homme. Ce qui fut fait. Le conflit entre la mère et le fils s'envenima et on enferma Thomas dans la tour d'un château proche de Roccasecca.

Ses sœurs parvinrent cependant à lui rendre visite et assurèrent clandestinement la liaison entre Thomas et les Dominicains, lui apportant des livres afin qu'il pût poursuivre ses études dans la solitude de la prison. Lorsque ses deux grands frères revinrent de leur service militaire, ils entreprirent à leur tour de ramener à la raison ce petit frère obstiné. Leur brutalité n'ayant donné aucun résultat, ils changèrent de tactique et introduisirent dans la cellule une jolie prostituée. Celle-ci entreprit de le séduire mais le jeune homme saisissant un tison enflammé la mit en fuite. Il demanda alors au Seigneur de protéger sa vertu sa vie durant et fut, semble-t-il, exaucé. Au dire de frère Reginald, son secrétaire et confesseur, frère Thomas sut se mettre à l'abri toute sa vie des tentations charnelles. Impatients, les Dominicains finirent par organiser l'évasion du prisonnier retenu seize mois en captivité, une épreuve douloureuse, certes, mais pieuse et studieuse.

La redoutable comtesse Théodora ne se tenait toujours pas pour battue. Elle déféra son fils devant le

Les « *mugissements* » *de saint Thomas d'Aquin*

tribunal ecclésiastique du pape Innocent IV. Le discours que fit Thomas pour sa défense éblouit les juges, qui le remirent aux frères prêcheurs. Thomas fut affecté à Paris par le supérieur général de l'ordre, Jean le Teutonique. L'intelligence et l'humilité du jeune homme étaient déjà légendaires chez les Dominicains. Comme il contemplait la ville du haut de la colline de Montmartre, l'un de ses compagnons lui demanda : « Que donneriez-vous pour régner sur cette capitale ? » Thomas répondit : « Je préférerais encore posséder le commentaire de saint Jean Chrysostome sur saint Matthieu. » Mais ce texte n'existait qu'en grec et Thomas n'entendait pas cette langue. Il fallut attendre Érasme au XVIe siècle pour que la traduction latine de ce Père de l'Église voie le jour.

Paris ne fut qu'une escale et le supérieur général emmena avec lui Thomas d'Aquin au couvent de Cologne. Là professait un maître unanimement reconnu pour sa sagesse, sa sainteté et sa science, Albert Le Grand, à qui le jeune dominicain fut confié pour achever sa formation. Thomas suivit ses cours de 1248 à 1252. Albert enseigna aussi à Paris, où sa réputation fut telle qu'on lui dédia une place de la ville, la place Maubert, diminutif de Maître Albert. La science d'Albert était universelle. Il excellait dans la botanique, la zoologie, la chimie (désignée sous le nom d'alchimie), l'astronomie (alors confondue avec l'astrologie) et, en sus de ces sciences profanes, la philosophie et la théologie. Il ne négligeait point cependant de nourrir son âme, passant de longues heures en oraison et récitant chaque jour les cent cinquante psaumes du psautier.

La relation entre le maître et l'élève fut chaleureuse et respectueuse. Modeste et craignant de se faire remarquer, Thomas suivit les cours sans y prendre la parole. Son imposante stature et son repli constant dans le silence lui valurent de ses condisciples le sobriquet de *Bos mutus*, « bœuf muet », ce qui n'empêchait pas ce « bœuf muet » d'éclairer ses compagnons sur tel ou tel point de l'enseignement de maître Albert. Amusé par ce sobriquet, Albert déclara : « Vous appelez le frère Thomas, bœuf muet ; et bien moi je vous dis que les mugissements de ce bœuf retentiront si loin qu'ils seront entendus d'une extrémité à l'autre de la terre. »

Au demeurant, Thomas n'avait rien d'un bœuf ! De forte taille, les épaules larges, le port majestueux, son corps avait une stature qui imposait un respect naturel. Très brun de teint et de chevelure, il manifesta cependant une calvitie précoce en même temps qu'un embonpoint qui, à la fin de son existence, se transforma en obésité. On racontait que, dans son couvent, on avait dû tailler la table du réfectoire en forme de croissant de lune pour qu'il puisse y loger son ventre. Mais tous étaient frappés par la bonté qui rayonnait de son visage. Son caractère taciturne et peu causant lui permettait de poursuivre ses réflexions dans l'isolement ou au réfectoire. Il parlait couramment le français, l'allemand, l'italien et le latin, et préparait mentalement ses cours pendant la nuit, les dictant le lendemain matin. Son secrétaire Reginald se demandait s'il fallait attribuer l'étendue de sa science à la puissance de son génie ou à l'efficacité de sa prière ; aux deux probablement, car chaque fois qu'il s'apprêtait à enseigner, à écrire ou à dicter, il se retirait dans le secret de l'oraison et priait afin « d'obtenir de Dieu l'intelligence de ses mystères ».

Les « mugissements » de saint Thomas d'Aquin

À Cologne, frère Thomas débuta dans l'enseignement supérieur en tant que lecteur. Lire voulait dire à l'époque expliquer un texte. On parlerait aujourd'hui de « travaux dirigés ». On dirait aussi qu'en plus de ses cours il « faisait de la recherche ». En l'occurrence, il publia deux ouvrages : *Les Principes de la nature* et *L'Être et les sens*, tous deux inspirés de la philosophie d'Aristote. Celle-ci parvenait à l'Occident chrétien par les Arabes, Averroès de Cordoue en particulier. Après l'effondrement de la Grèce antique à la fin du premier millénaire, l'islam avait en effet transformé la ville de son calife, Bagdad, en un immense « laboratoire » qui prit soin de collationner l'ensemble des textes de l'Antiquité et de les traduire en arabe. C'est ainsi qu'Aristote nous parvint par Bagdad et Cordoue au moment précisément où Thomas commençait à enseigner.

Voici le type de conseils que Thomas prodiguait à ses étudiants : « Vous me demandez quel est le véritable moyen de réussir dans vos études et d'arriver sûrement à la possession de la sagesse. Le conseil que je vous donne, c'est de ne pas vous attacher d'abord aux questions difficiles, mais de vous y élever par degrés. La connaissance que vous pourrez acquérir des vérités les plus simples vous conduira insensiblement à la connaissance des vérités les plus profondes. Ne vous pressez pas de dire ce que vous pensez, ou de montrer ce que vous avez appris ; parlez peu, et ne répondez jamais avec précipitation. Fuyez les conversations inutiles ; on y perd à la fois du temps et l'esprit de dévotion. Conservez surtout avec soin la pureté de conscience ; ne faites jamais rien qui puisse souiller ou vous rendre moins agréable aux yeux de Dieu. […] En vous rappelant la vie et les actions des saints, marchez sur leurs traces autant qu'il vous est possible, et humiliez-vous si vous ne pouvez atteindre à leur perfection. Conservez toujours le souvenir de ce que vous apprenez de bon. Ne vous contentez pas de recevoir superficiellement ce que vous lisez ou entendez ; mais tâchez d'en pénétrer et d'en approfondir tout le sens. Ne demeurez jamais dans le doute quant aux choses que vous pouvez savoir avec certitude. Travaillez avec une sainte mémoire toutes les connaissances que vous pouvez acquérir ; pourtant, ne forcez pas les talents que vous avez reçus de Dieu, et ne cherchez pas à pénétrer ce qui sera toujours au-dessus de votre intelligence [1]. »

Sa réputation allant grandissant, ses supérieurs le nommèrent dans une chaire vacante à l'université de Paris. Il y séjourna au couvent Saint-Jacques, près de ce qui était alors la Porte d'Orléans, entre l'actuelle place du Panthéon et le boulevard Saint-Michel. Le couvent avait été baptisé Saint-Jacques en l'honneur des pèlerins qui y faisaient escale sur la route de Compostelle. Il était alors fort de cinq cents dominicains. C'est pourquoi les Dominicains parisiens étaient nommés « Jacobins », et les révolutionnaires qui occupèrent le couvent en 1789 furent désignés sous ce même nom.

Tout en enseignant à ses frères, Thomas poursuivait ses études. Les cursus prévoyaient que l'on ne pouvait accéder aux études de théologie qu'après avoir obtenu les diplômes de la faculté des arts, c'est-à-dire des lettres et des sciences. On y étudiait d'abord le *trivium* (grammaire, rhétorique, dialec-

---

1. *Ibid.*, p. 48-49.

tique), puis le *quadrivium* (arithmétique, géométrie, astronomie, musique). Mais ses maîtres estimèrent que son travail à Naples et à Cologne lui valait une équivalence de la licence ès arts. Il pouvait dès lors entreprendre sa théologie qui réclamait trois ans d'études. En 1256, il obtint sa licence et on le destina à la préparation du doctorat, le grade suprême. Il lui appartenait de choisir un passage de l'Écriture et de le commenter devant un jury. Or Thomas hésita sur le choix de son sujet : devait-il s'adresser à Maître Albert pour obtenir son conseil ? Il préféra s'adresser à Dieu lui-même. Il s'agenouilla dans sa chambre et récita un verset du psaume 111 : « Venez à mon secours Seigneur, car le saint lui-même se trouve en défaut sur la terre et la vérité s'efface parmi les enfants des hommes ! » Puis, il sombra dans le sommeil et vit en songe un frère prêcheur inconnu à qui il confia son angoisse. Quel sujet devait-il choisir ? L'interlocuteur lui conseilla un verset du psaume 103 : « De vos sommets vous arroserez les montagnes et la terre sera rassasiée des fruits de vos œuvres. »

Le 23 octobre 1257, il soutint brillamment sa thèse dans la grande salle de l'évêché de Paris et coiffa le bonnet de docteur. Un éminent représentant de l'autre ordre mendiant, le franciscain Bonaventure, biographe de saint François, soutint sa thèse le même jour. Le premier portait la robe grise des Franciscains, le second la robe blanche des Dominicains.

Thomas enseignait selon la méthode scolastique. Il divisait ses exposés en trois parties, chaque partie en trois sous-parties et chaque sous-partie en trois points, et ce d'une manière absolument rigoureuse. À cette époque, les universités étaient profondément marquées par l'aristotélisme dont l'Église se méfiait. En 1245, Innocent IV proscrivit cet enseignement dans toutes les universités. Thomas pourtant se considérait comme un disciple d'Aristote. Était-il rebelle ? Maître Albert s'en était tiré, quant à lui, par un brillant sophisme : « Notre attention, écrit-il dans son commentaire de la *Physique* d'Aristote, est de rendre intelligibles […] toutes les parties de son œuvre. » Autrement dit, Averroès n'avait pas traduit convenablement toute la pensée véritable d'Aristote. Celle-ci était à conserver sur tous les points qui concordaient avec la foi chrétienne, quitte à s'abstenir des commentaires attribués à des penseurs musulmans qui auraient dénaturé partiellement l'œuvre authentique du grand philosophe grec. C'est à cette tâche que s'employa Thomas.

Mais il était à Paris confronté à d'autres difficultés. Le torchon brûlait entre les professeurs appartenant au clergé séculier et les enseignants des ordres mendiants. Thomas et Bonaventure firent face à leurs détracteurs. Les maîtres séculiers acceptaient mal, comme il advient encore aujourd'hui dans les universités, que des postes fussent accaparés par des candidats n'appartenant pas à leur corps d'origine. La montée en puissance des Franciscains et des Dominicains leur était insupportable. La controverse fut violente et il fallut que le pape Alexandre IV lui-même s'en mêlât.

Un événement imprévu avait porté la dispute à son acmé. Tandis que Saint Louis était en croisade, des étudiants avaient provoqué une rixe sanglante au Quartier latin. L'un des meneurs fut pendu, les autres emprisonnés. Les maîtres séculiers se déclarèrent solidaires des étudiants et firent la grève. Mais les mendiants continuèrent à enseigner et recueillirent dans leurs cours les étudiants qui refluaient de ceux de leurs maîtres absents. Le nouveau pape Alexandre IV finit par trancher et condamna un ouvrage de Guillaume de Saint-Amour, le porte-drapeau des maîtres séculiers. L'année suivante, saint Louis bannissait ce maître de toute fonction universitaire.

Thomas, qui n'avait cessé de soutenir ses frères mendiants, avait l'oreille de Rome où il fut appelé comme théologien du Saint-Siège. Lui faisant toute confiance, le pape lui demanda de composer l'office de la fête du Saint-Sacrement nouvellement instituée ; la même requête fut formulée auprès du collègue et ami de Thomas, Bonaventure. Le jour venu, les deux religieux présentèrent au pape leur production. Thomas s'étant exprimé le premier, Bonaventure fut si émerveillé par la beauté des textes qu'il proposait qu'il détruisit les siens et soutint Thomas sans réserve. Le *Tantum ergo* était né. Fin connaisseur de la Bible et des Pères de l'Église, Thomas rédigea aussi, à partir de citations puisées à ces sources, un commentaire en continu du texte des Évangiles appelé par la suite « la chaîne d'or », merveilleux florilège de citations commentant l'Évangile, verset par verset. Il dédia au pape la chaîne d'or sur saint Matthieu.

Clément IV, pour remercier Thomas de son zèle au service de l'Église, publia une bulle qui le nommait archevêque de Naples. Voilà qui devait réjouir la comtesse Théodora, sa mère, si soucieuse de la carrière ecclésiastique de son fils retors. Mais Thomas refusa énergiquement cette proposition, comme il avait refusé précédemment son élévation à la pourpre cardinalice. Ses supérieurs le nommèrent alors à la prestigieuse université de Bologne, selon la coutume qui voulait que les professeurs les plus éminents passent d'une université à une autre, les cursus et les grades étant les mêmes partout. Plus rien ne l'attachait à Rome : le pape venait de mourir et il y avait tout lieu de penser que son successeur ne serait pas désigné bien vite par le conclave. De fait, la vacance du trône pontifical dura trois ans. Un an après sa nomination, ses supérieurs invitèrent Thomas à participer au chapitre général de l'ordre des Dominicains à Paris. Sous l'amicale pression de Saint Louis, alors à la fin de son règne, ses supérieurs le nommèrent à nouveau à Paris où il resta trois ans. Car partout où il passait, on voulait le garder et on y parvenait.

À Paris le climat était toujours tendu, et on évoque une *disputatio*, c'est-à-dire une joute verbale acharnée, entre Thomas et le régent des études des Franciscains. Ce dernier, John Peckhart, futur archevêque de Cantorbéry, agressa notre savant dominicain avec une extrême violence. L'évêque de Paris se rangea dans le camp de John Peckhart. La controverse à propos d'Aristote n'en finissait plus. Thomas, comme à son habitude, condamnait en théologien les doctrines qu'il jugeait fausses, mais était aussi soucieux d'extraire des philosophies les plus diverses la parcelle de vérité qu'elles pouvaient contenir. Les Pères de l'Église n'avaient-ils point fait de même avec Platon ? Et c'est ainsi que l'œuvre du grand philosophe grec s'inscrivit dans la tradition chrétienne, notamment avec saint Augustin. Aristote pourtant continuait à être rejeté par bon nombre de théologiens, mais la réputation de Thomas était telle qu'il vint à bout de ces attaques.

Les « *mugissements* » *de saint Thomas d'Aquin*

Au chapitre général des frères prêcheurs, qui se tint en 1272 à Florence, Thomas bénéficia d'une ultime affectation à l'université de Naples, parachevant ainsi son nomadisme universitaire. Sans doute faut-il voir dans cette dernière nomination la main insistante de Charles Ier d'Anjou, frère de Saint Louis, roi de Naples et de Sicile. Thomas était alors occupé à la rédaction de son œuvre maîtresse, *La Somme théologique*.

Le 6 décembre 1273, fête de Saint-Nicolas, Thomas fut ravi en extase pendant qu'il célébrait la messe. Il resta longuement muet sur ce qui lui avait été révélé et était, à ses yeux, inénarrable : « Je suis resté, finit-il par avouer, dans le silence de la stupéfaction. La langue de l'homme est impuissante à rendre les merveilles de Dieu. » Il décida alors de ne plus écrire, laissant sa fameuse *Somme* en l'état. Son fidèle secrétaire Reginald, désolé d'abandonner une œuvre aussi considérable, lui en fit la remarque, mais Thomas lui répondit : « Je n'en ferai rien, car tout ce que j'ai écrit me semble à présent comme de la paille ! » Les lumières divines avaient inondé son âme bien au-delà de ce que peut exprimer le langage humain.

Les choses alors s'accélérèrent : les extases, les lévitations, les visions se multiplièrent. Le pape Grégoire X l'invita à participer au concile œcuménique de Lyon. Malgré l'abandon de ses forces, peut-être lié à ses expériences mystiques, Thomas se mit en route avec Reginald. Il déclinait et son ami avait peine à le nourrir. Un jour cependant il demanda… un hareng et l'obtint. Mais, rongé par la fièvre, Thomas finit par ne plus pouvoir marcher. Il se réfugia alors à l'abbaye de Tossanova, non loin de Rome.

C'est dans cette abbaye qu'il mourut saintement, en murmurant une prière attribuée à saint Augustin : « Je ne commencerai vraiment à vivre, ô mon Dieu, que lorsque je serai entièrement rempli de vous et de votre amour. Actuellement je suis à charge de moi-même parce que je ne suis pas encore assez plein de vous. » C'était le 7 mars 1274 à l'heure des matines. Cette vie si active n'avait duré que quarante-neuf ans. On dit qu'Albert le Grand fondit en larmes au même moment à Cologne, et comme on s'inquiétait de ce chagrin soudain, il annonça la mort de Thomas, son fils spirituel.

Thomas venait à peine de rendre sa belle âme à Dieu qu'il fit son premier miracle. On conduisit dans la chambre mortuaire le sous-prieur du monastère. Aveugle, celui-ci posa son visage sur celui de Thomas et recouvra la vue derechef.

Commença alors le long périple des saints morts tel qu'on le pratiquait au Moyen Âge. Le corps de Thomas fut démembré en d'innombrables reliques et ses restes transportés à Toulouse dans l'église des Dominicains. Son corps avant les partages successifs était resté intact. À chaque ouverture du cercueil, se dégageait une odeur délicieuse, la fameuse « odeur de sainteté ». Et les nombreux miracles attribués à Thomas précipitèrent sa canonisation, par Jean XXII, le 18 juillet 1323. Deux siècles et demi plus tard, il était proclamé docteur de l'Église par saint Pie V. Aucun docteur n'avait, à l'instar de Thomas, réussi à marier aussi étroitement la science et la spiritualité, l'intellect et le cœur, le savoir et l'humilité, et par-dessus tout la raison et la foi, cet alliage qui se dégage de l'œuvre immense du grand saint, et dont Benoît XVI parle avec éloquence. Nul mieux que

Thomas ne sut distinguer les vérités accessibles à la seule raison de celles de la foi, définies comme une adhésion inconditionnelle à la parole de Dieu. La philosophie devient ainsi pour lui la « servante de la théologie ».

Inspiré par l'exemple de Thomas, Léon XIII, bien après lui, adressa ce message aux hommes de science : « Tous les hommes avides de savoir, façonnés par l'exemple et les préceptes d'un si grand maître, s'habitueront à une vie intègre. Ils ne poursuivront pas cette science qui, séparée de la charité, enfle les esprits et les regards. Mais la science légitime qui, découlant du père des lumières et du maître des sciences, ramène également à lui. » Thomas avait été un scientifique humble, sans orgueil ni vanité. Il dit un jour : « Grâce à Dieu, jamais ma science, ni mon titre de docteur, ni aucun succès universitaire n'a fait naître en moi un sentiment de vaine gloire capable de détrôner dans mon âme la vertu d'humilité. Si parfois un premier mouvement s'élevait en moi en prévenant la raison, celle-ci est venue aussitôt pour le réprimer. » Il était aussi généreux. Enfant, il aimait secourir les pauvres et chaparder dans la maison de ses parents de quoi faire l'aumône. Selon un témoin de la procédure de canonisation, « il ne se réservait aucun superflu sachant que tout superflu doit par ordre du Seigneur être employé au soulagement de l'indigence ».

On laissera aux philosophes le soin d'étudier et de commenter l'œuvre de Thomas et notamment ses deux sommes : *La Somme contre les gentils* et *La Somme théologique*. Une telle approche dépasserait le cadre de cet ouvrage et les compétences de son auteur. C'est à son fidèle et intime ami Reginald que nous laisserons le mot de la fin. Ce religieux déclara à plusieurs personnes que « la dernière confession du saint docteur ressemblait à celle d'un enfant de cinq ans dépourvu de malice ».

Nicolas de Flue, l'ermite apôtre de la paix

La formation de la Suisse ne fut pas une mince affaire. D'abord partie intégrante du royaume de Bourgogne, elle fut intégrée avec celui-ci dans le Saint-Empire romain germanique en 1032. Mais ceux qui allaient devenir les Suisses sont habités par un puissant esprit d'indépendance, et en 1291 les trois cantons forestiers d'Uri, de Schwyz et d'Unterwald se lièrent par un pacte perpétuel. Ce fut la naissance de la Confédération. Le serment fut prêté sur la prairie du Rütli, au bord du lac des Quatre-Cantons, le 1er août 1291. Les patriotes suisses voulaient se débarrasser de la tyrannie d'Albert Ier de Habsbourg. La légende de Guillaume Tell, en réalité empruntée à des traditions orales danoises, veut que ce dernier ait été arrêté pour avoir refusé de saluer le chapeau de Gessler, bailli des Habsbourg. Il aurait été condamné à faire traverser d'une flèche d'arbalète une pomme placée à bonne distance sur la tête de son jeune fils. Guillaume Tell serait sorti victorieux de cette épreuve et aurait fini par tuer le bailli honni, devenant du coup le symbole de la libération de la Suisse. Son histoire a inspiré une célèbre tragédie de Schiller.

L'esprit d'indépendance des Suisses était contagieux et en 1353, la Confédération comptait déjà huit cantons. Le trafic commercial à travers les vallées, à la croisée des routes qui vont de l'Autriche à la Bourgogne, des Pays-Bas à l'Italie et de la Bavière à la vallée du Rhône, fit la prospérité de la jeune Confédération. La Suisse se défendait activement contre les tentatives de domination étrangère, et les paysans des montagnes se montraient très habiles au maniement des armes pour garantir leur indépendance. Ils remportèrent de brillantes victoires.

Les rêves hégémoniques de Charles le Téméraire, maître de la Bourgogne, entraînèrent la Confédération dans les guerres de Bourgogne, encouragée en cela par Louis XI, roi de France et ennemi juré de Charles. La coalition des Bourguignons et des Autrichiens fut défaite par les Suisses, et la téméraire aventure bourguignonne s'acheva par la mort du non moins téméraire duc de Bourgogne, le 5 janvier 1477, sur les bords gelés des étangs de Nancy.

L'esprit d'indépendance des Suisses se manifestait cependant aussi à l'intérieur de la Confédération, les cantons paysans s'opposant aux aristocraties des cantons urbains. En 1477, la Confédération à peine sortie des guerres de Bourgogne manqua d'éclater. Les cantons urbains projetèrent de s'associer avec les villes de Fribourg et de Soleure, tandis que les cantons ruraux conclurent une alliance avec l'évêque de Constance en s'opposant à l'admission de ces villes dans la Confédération. Ils craignaient d'y perdre leur majorité à la diète où la prépondérance des villes l'aurait emporté sur les campagnes. La situation s'envenima et aboutit le 21 décembre 1481 à une situation de blocage, les députés se séparant, les uns en colère, les autres découragés, devant une évidence : un tel conflit ne pourrait se résoudre que par les armes et c'en serait fini de la Confédération.

Mais de son ermitage lové au cœur même de la Suisse montagnarde un homme veillait : Nicolas de Flue.

Nicolas naquit le 21 mars 1417 [1], le jour du printemps. 1417, marquait la fin du grand schisme qui avait vu pendant quarante ans plusieurs papes régner en même temps sur l'Église. Après maintes tentatives, le concile de Constance, qui réunissait plus de trois mille évêques, princes et théologiens, avait fini par mettre un terme à une situation qui scandalisait les chrétiens. Les trois antipapes, Jean XXIII, Grégoire XII et Benoît XIII s'effacèrent, le premier en s'enfuyant, le second en démissionnant, le troisième en étant déposé, et un pape romain fut élu, Martin V. Avec lui s'achevait une séquence qui avait commencé par l'installation des papes à Avignon et qui s'était prolongée par quarante années de schisme. Cette période qui prenait fin n'annonçait pas cependant pour l'Église une ère de tranquillité, dans la mesure où les Borgia allaient fournir, moins d'un siècle plus tard, deux papes dont le trop fameux Alexandre VI à qui ses deux maîtresses donnèrent au total six enfants, dont quatre avant l'élection et deux

---

1. On se reportera à l'excellente biographie de Philippe Baud, *Nicolas de Flue (1417-1487). Un silence qui fonde la Suisse*, Paris, Cerf, 1993, qui inspire largement le récit qui va suivre.

pendant le pontificat. Face à ces scandales en série, la colère grondait parmi les chrétiens et, en 1517, cent ans exactement après la naissance de Nicolas de Flue, Luther afficha ses quatre-vingt-quinze thèses réformatrices sur le portail de l'église de Wittenberg, déclenchant la Réforme protestante.

C'est donc dans une Suisse en ébullition et dans une Église en déliquescence que vécut Nicolas de Flue. Dès son jeune âge, Nicolas se révéla à ses camarades comme « chaste, bon, vertueux, pieux, véridique, n'irritant personne ». Grande était sa propension à la prière et à la méditation silencieuse. En 1447, âgé de trente ans, il épousa Dorothée Wyss, dont il aura dix enfants, cinq filles et cinq garçons. L'un de ses fils nota que, la nuit, il aimait se retirer seul en silence au coin du feu, passant ainsi des heures entières à prier.

Nicolas était à la tête d'une grande exploitation agricole. Il jouissait de l'estime unanime de ses compatriotes. En avril 1450, son nom figurait sur la liste des Suisses volant au secours de la ville de Nuremberg, assaillie par les troupes du margrave de Brandebourg, qu'ils délivrèrent le 15 juin de cette même année. Il était alors âgé de trente-trois ans. Un ami d'enfance, qui était à ses côtés lors du combat, rapporta avec naïveté qu'il « faisait le moins de dommages possibles à l'ennemi et qu'il cherchait autant qu'il se pouvait à le protéger ». Pris entre son devoir de citoyen suisse et sa profonde spiritualité, il fut en quelque sorte un guerrier pacifiste. Il était, selon l'un de ses biographes, « le plus grand ami de la paix. Mais quand vint l'heure de combattre pour sa patrie, il ne voulut pas que par sa lâcheté, l'insolence des ennemis triomphât. Étaient-ils brisés et réduits, il suppliait qu'on les épargnât ».

Ses compatriotes voulurent faire de lui le chef de leur canton. Méprisant tout honneur, il se déroba à ce titre, mais non aux fonctions de juge au tribunal et de conseiller cantonal. Il assurerait ainsi les charges civiles, pas les honneurs qui les accompagnaient.

Nicolas mûrit en secret une décision dont il fit part à sa famille un soir où le tribunal prononça un jugement inique à ses yeux. La cause plaidée concernait un vannier vieux et misérable n'ayant pour tout bien qu'une bicoque, un pré minuscule plein de cailloux, une chèvre dont on pouvait compter les côtes, et une petite fille toujours malade. Or le plus riche paysan de la contrée était allé nuitamment déplacer une borne pour agrandir son propre domaine aux dépens du malheureux. Pour gagner à sa cause les juges du tribunal, le paysan promit à l'un un stère de bois, à l'autre une remise de dettes, à un troisième un cadeau. Au moment du jugement, le greffier avait ainsi rédigé la sentence avant même la réunion du tribunal. Malgré les efforts de Nicolas, le riche paysan fut lavé, libéré de toute accusation au prétexte que les preuves produites n'avaient point été suffisantes.

Nicolas, très mortifié de l'iniquité du jugement, décida alors de mettre à exécution son grand projet de s'éloigner de sa famille et d'entreprendre une vie d'ermite à des kilomètres de là. Il obtint le consentement de Dorothée, « sa très chère épouse », et de ses enfants, qui n'ignoraient rien du désir de leur père de vouloir se retirer du monde pour mener une vie contemplative. Le fils aîné était en mesure de reprendre la ferme et, en profonde communion d'intention avec leur père, la famille ne se sentit pas abandonnée. À la fin de sa vie, Nicolas confia à un ami de quatre ans son aîné que « Dieu lui avait fait trois grandes grâces : celle d'avoir pu quitter les siens en accord avec eux, de n'avoir jamais été tenté de retourner dans sa famille et d'avoir vécu sans nourriture ni boisson corporelle jusqu'à la fin de ses jours ». Ce fut cette particularité évidemment extraordinaire qui fit la réputation de Nicolas.

Ne plus manger, telle était la manière dont Nicolas pensait pouvoir se séparer du monde en ne se nourrissant que de la prière. Il n'avait même pas la possibilité dans sa retraite de lire la Bible, car il était illettré. Le curé d'un village voisin consigna dans le livre de sa paroisse, en 1488, le physique de l'ermite à la fin de sa vie : « Il ne restait que peu de chair ; tout était desséché jusqu'à la peau : ses joues étaient absolument creuses, les lèvres amaigries », une momie en quelque sorte. Pressé d'expliquer son refus de toute nourriture, Nicolas se faisait discret, se contentant de répondre : « Dieu le sait. » Imposture ou miracle : chacun voulut savoir. On planta des gardes autour de lui durant un mois, qui relatèrent n'avoir vu personne apporter de la nourriture à Nicolas. L'évêque de Constance dépêcha son coadjuteur qui obligea au nom de la sainte obéissance le malheureux Nicolas à manger en sa présence du pain et à boire du vin. Nicolas en souffrit aussitôt atrocement et le prélat abrégea ses souffrances en mettant promptement un terme à l'expérience. Pour se faire pardonner d'avoir ainsi malmené le pauvre jeûneur, il lui désigna un chapelain qui serait désormais attaché au culte, dans la petite chapelle que les habitants voisins avaient construite par amitié pour l'ermite.

Cet épisode contribua à la réputation de Nicolas, qui ne cessa de croître, les visiteurs se pressant toujours plus nombreux auprès du saint homme. Il devint le saint qui ne mangeait pas, et que le vocabulaire des mystiques qualifie d'« inédie » (sans nourriture). Le cas de Marthe Robin, nous le verrons, illustre bien ce phénomène.

À un célèbre prédicateur alsacien qui l'interrogeait : « Cher Nicolas, vous menez une vie austère plus sévère que celle d'aucun chartreux ou d'aucun prêtre, ne craignez-vous pas de vous égarer ou de vous tromper ? » Nicolas fit cette réponse lapidaire : « Si j'ai l'humilité et la foi, je ne peux me tromper. » De fait, les évêques, les princes, mais aussi les pauvres venaient le visiter à son ermitage. Des politiques cherchaient à l'attirer dans leur camp. Par eux, Nicolas était tenu au courant de la vie de la Confédération bien qu'il refusât prudemment de s'engager dans telle ou telle faction, ne se voulant qu'homme de paix et de réconciliation. Plus la situation se tendait à la diète, plus fréquentes furent les visites des députés venus solliciter l'avis et les conseils de l'ermite. Et quand les choses se gâtèrent pour de bon, son intervention fut décisive.

Reprenons le récit où nous l'avons laissé, lorsque les députés arrivèrent à la réunion de la diète le mardi 18 décembre 1481. Ils avaient reçu de claires instructions des gouvernements de leurs cantons respectifs. Si les députés des cantons urbains étaient prêts à faire des concessions, les cantons ruraux s'obstinaient à refuser que Fribourg et Soleure entrassent dans la Confédération sur un pied d'égalité avec les autres cantons. L'atmosphère s'échauffa, les animosités s'exacerbèrent et le vent de la tempête souffla sur l'hôtel de ville de Stans où siégeaient les parlementaires. Aucun compromis n'était possible ; il ne restait plus qu'à se remettre à Dieu... ou à ses saints. Diebold Schilling, fils du secrétaire de mairie de la ville de Lucerne, qui assistait à la diète comme substitut de son père, laissa de cet épisode dramatique la relation suivante [1] :

« En ce temps-là, il y avait à Stans, comme curé, un prêtre vénérable et pieux nommé Heini am Grund, natif de Lucerne et très cher au saint homme du Ranft, Frère Nicolas. Ce Monsieur Heini comprit que de ce qui se passait, il ne pouvait résulter rien d'autre que la guerre. Pendant la nuit, il se leva et, en toute hâte, se rendit auprès de Frère Nicolas ; il lui exposa la situation, raconta comment les discussions s'étaient prolongées jusqu'à ce que tout espoir d'entente s'évanouît et que, dans l'après-midi, chacun voulait rentrer chez soi, résolu à faire prévaloir sa cause par les armes, puisqu'il n'y avait plus d'autre issue que la guerre.

« Le lendemain, alors que quelques-uns étaient déjà dans la rue, prêts à partir, Monsieur Heini, arrivé tout en sueur de chez Frère Nicolas, courut partout, dans les auberges, suppliant les députés, avec des larmes dans les yeux, de bien vouloir, pour l'amour de Dieu et le respect envers Frère Nicolas, s'assembler de nouveau et entendre son opinion et son conseil. Ainsi fut fait, mais le message qu'il apportait ne fut pas révélé à tous : Frère Nicolas avait défendu à Monsieur Heini de le communiquer à d'autres qu'aux députés.

---

1. *Ibid.*, p. 87-88.

« Et Dieu nous accorda ce bonheur que la situation, si critique le matin, s'améliora de beaucoup par ce message et, en une heure, tout fut réglé et arrangé.

« Ordre fut donné séance tenante à Jean Schilling, mon père, [...] de dresser actes des accords déjà élaborés, ce qu'il fit aussitôt. Fribourg et Soleure furent admis dans l'alliance dont elles font maintenant partie, le Traité de combourgeoisie [entre les cantons-villes] fut annulé et un nouveau pacte, nommé "Convenant de Stans", fut rédigé. Voilà pourquoi les cloches sonnèrent de joie... Le "Convenant de Stans", muni des sceaux de tous les cantons, fut accepté et juré pour toujours, ainsi que les autres alliances. »

La teneur du message réservé aux seuls députés ne fut pas divulguée, mais ses effets furent décisifs. Le « Convenant de Stans » fut la première charte constitutionnelle de la Confédération, réglant le rapport des confédérés entre eux. En accueillant Fribourg, la ligue intégrait pour la première fois une région de langue française.

Nicolas n'invita pas les députés à débattre en termes de droit, puisque aucun précédent constitutionnel n'était susceptible d'éclairer et de départager les parties. Il fit appel à l'abnégation de tous, à la charité, au vouloir vivre ensemble et surtout au pardon, seul chemin vers la réconciliation. Et ce message fut entendu.

La paix revenue, la réputation de sainteté de Nicolas s'étendit dans toute la Suisse. Il devint la plus haute conscience morale et spirituelle du pays. Le message de Nicolas prit alors une dimension plus universelle : « Si vous restez dans vos frontières, personne ne pourra vous vaincre et vous serez en tout temps plus forts que tous vos adversaires et victorieux. Mais si au contraire, entraînés par la cupidité et par la passion de dominer, vous commencez à pousser votre commandement vers l'extérieur, votre force ne durera pas longtemps. » Par ces mots, Nicolas éliminait les causes des conflits liées à l'esprit de conquête et de domination.

Conscience de son pays comme un Gandhi en Inde ou un Martin Luther King pour les collectivités noires d'Amérique, Nicolas n'eut pas à pâtir, pour sa réputation désormais bien assise, de l'émergence du protestantisme. Zwingli le réformateur se recommanda de lui comme la plupart des Réformés.

Nicolas mourut le 21 mars 1487, jour de son soixante-dixième anniversaire et jour du printemps. Ses derniers moments furent extrêmement douloureux, et ses proches, dont son épouse bien-aimée qu'il ne cessa d'appeler « sa très chère épouse », l'assistaient dans sa cabane d'ermite.

Après la diète de Stans, le gouvernement de Berne adressa un message de gratitude à frère Nicolas, le tenant « en plus haute estime, car il n'y a pas le moindre doute qu'on doive le compter au nombre des saints ».

Reconnu comme l'auteur de plusieurs guérisons, frère Nicolas fut déclaré bienheureux en 1672, puis canonisé en 1947, près de cinq siècles après sa mort par le pape Pie XII. Il fut proclamé ce 15 mai 1947 patron mondial de la Paix. Il est également, avec saint Martin et saint Sébastien, le saint patron de la garde suisse pontificale au Vatican. Il est aussi le patron des familles nombreuses et des épouses qui vivent séparées de leur mari. Il est enfin le saint patron de la Suisse.

Qui aurait pu penser que, près d'un demi-millénaire après le convenant de Stans, un autre chrétien, Robert Schuman, réussirait une performance semblable en réunissant les pays d'Europe ravagés par des siècles de guerres intestines au sein d'une nouvelle entité politique : la Communauté européenne ?

La Suisse est en paix, l'Europe aussi, mais non le monde. L'heure n'est-elle pas venue de poursuivre ce mouvement de rapprochement des peuples dans une nouvelle entité encore plus large dotée de pouvoirs renforcés, celle qu'on désigne déjà sous le nom de communauté internationale ? Une seule patrie, la terre, notre « Terre Patrie » comme aime à la nommer Edgar Morin, dont la devise pourrait être celle de l'Europe : « Unis dans la diversité. »

Jean de Dieu, l'hospitalier

Portée à la télévision, la vie de Jean de Dieu ne manquerait pas de faire « un tabac ». Romanesque à souhait, ses multiples rebondissements inspireraient un bon scénario car Jean de Dieu n'est pas de ces personnages que l'on présente comme saint dès leur naissance. Sa vie mouvementée tranche avec ces pieuses hagiographies des siècles précédents qui nous paraissent si désuètes. Suaves, douceâtres, mielleuses, elles sont illisibles de nos jours. Rien de tel pour Jean de Dieu. Une biographie d'une tonalité bien différente vient de nous être proposée par Jean Caradec Cousson [1], s'inspirant de son premier biographe François de Castro. Nous nous en sommes largement inspirés.

Jean de Dieu naquit en 1495 à Montemor-o-Novo au Portugal. Jean II régnait alors sur le pays tandis qu'en Espagne les Rois catholiques, Ferdinand d'Aragon et Isabelle de Castille, venaient de mettre

---

1. Jean Caradec Cousson, *De l'angoisse à la sainteté. Jean de Dieu patron des malades et des infirmiers*, Paris, Beauchesne, 2010.

un terme à la Reconquista en chassant les Maures du sud de la péninsule. L'Église, quant à elle, était en de bien mauvaises mains, puisque Alexandre VI, alias Rodrigo Borgia, se comportait plus en prince de la Renaissance qu'en pape.

De l'enfance du futur saint, les biographes ne nous apprennent rien. Son père, André Cidade n'aurait été « ni pauvre, ni riche ». À huit ans, Jean quitte le foyer familial pour ne jamais y revenir. Il suit un prêtre de passage dans la maison familiale pour se rendre avec lui à Madrid. Ce clerc vagabond, on disait alors « gyrovague », a-t-il ébloui l'enfant par ses histoires ? Le petit Jean l'a-t-il suivi volontairement ? Ce serait alors une fugue. Ou a-t-il été victime d'un rapt ? Première énigme dans ce scénario de la vie de Jean, qui en compte bien d'autres. Ses parents le cherchent en vain et sa mère meurt de chagrin, vingt jours plus tard. Quant à son père, il entre au couvent des Franciscains de Lisbonne où il finira ses jours.

Voici donc notre héros franchissant la frontière et entrant en Espagne où il passera le plus clair de sa vie. Jean a beaucoup voyagé, toujours à pied et parfois, à la fin de sa vie, chargé de miséreux, de malades et d'estropiés qu'il porte sur son dos. Après avoir parcouru quatre cents kilomètres, le clerc mystérieux disparaît de sa biographie, et Jean est recueilli par l'intendant du comte d'Oropésa. Il sera le berger de son troupeau de moutons.

À cette époque, l'Espagne vit sous le régime de la « Maesta ». En guise de récompense pour services rendus, les rois offrent aux soldats mobilisés dans la Reconquête de la péninsule, puis dans la conquête du Nouveau Monde, des terres destinées à l'élevage. Une affaire au demeurant fructueuse pour eux car l'élevage emploie moins d'hommes que la culture, ce qui laisse suffisamment de bras pour le port et le maniement des armes. L'Espagne est à cette époque parcourue par d'immenses troupeaux. Mais la prolifération des moutons entraînera un surpâturage, auquel l'Espagne doit de s'être désertifiée. Tout jeune Espagnol a appris à l'école que jadis un écureuil pouvait franchir la péninsule des Pyrénées à Gibraltar en bondissant d'un arbre à l'autre. Il suffit de faire aujourd'hui ce parcours pour constater que des steppes arides ont remplacé les arbres.

Jean est donc promu à la garde du troupeau. Il reçoit en échange une bonne éducation, apprend à lire et à écrire, monte en grade et devient le palefrenier du comte. Les soins attentifs portés aux chevaux agitent sa conscience : ne vaudrait-il pas mieux œuvrer au service des pauvres plutôt qu'à celui de ces animaux gras et luisants, couverts de riches harnais tandis que ces malheureux sont maigres, en haillons et dénués de soins ? La future sainteté de Jean pointe déjà l'oreille. L'intendant du comte, le majoral, voit bientôt en lui un excellent parti pour sa fille. Mais Jean ne l'entend pas de cette oreille et s'engage dans l'armée. François Ier en guerre contre Charles Quint, vient de s'emparer de Pampelune, malgré l'héroïque défense menée par le capitaine Iñigo de Loyola le futur saint Ignace. Puis les Français s'emparent de la forteresse de Fontarabie.

Jean a vingt-huit ans, il est beau et fort, très désireux de mener la vie aventureuse d'un militaire dont on contera plus tard les hauts faits d'armes ; car, au dire des témoins entendus lors de la procédure de béatification, Jean ne péchait pas par excès de modestie. On disait qu'alors il recherchait la « vaine gloire ».

Libertaire et fier de l'être, cet homme jeune ne laisse rien présager de la suite de son destin. Formées de mercenaires, mais aussi de pillards, de vagabonds et de ribaudes, les armées de ce temps ne brillent pas par leur discipline. La forteresse de Fontarabie tenue par les Français tombe entre les mains des Espagnols le 25 mars 1524. Pour Jean, soldat de l'armée espagnole, les choses manquent de tourner mal. Son cheval s'emballe et le projette sur un rocher, le laissant pour mort. Mais il s'en remet. Survient alors une nouvelle épreuve. Chargé de la surveillance du butin pris à l'armée française, il se le laisse dérober, ce qui déclenche une telle ire de son capitaine que celui-ci décide de le pendre haut et court sur-le-champ. La sentence n'est pas exécutée, mais Jean est aussitôt exclu de l'armée. Où aller désormais ? Il décide de revenir chez ses anciens maîtres, mais il doit de nouveau subir les pressions du majoral qui tient toujours à le marier à sa fille. Nouveau refus, nouveau départ. Mais pour aller où ?

À partir de là, la vie de notre héros n'est plus qu'aventure et vagabondage. Soliman le Magnifique, le grand Turc, vient de pousser ses armées jusqu'aux portes de Vienne. Charles Quint riposte en préparant une offensive contre lui. On recrute donc des hommes de troupe en Pologne, en Moravie, en Bohème, dans les États italiens et, bien sûr, en Espagne. Jean s'enflamme pour cette nouvelle croisade. Belle occasion de se réhabiliter de l'humiliation subie à Fontarabie. Il a trente-sept ans. Les hommes de Charles Quint entrent à Vienne le 4 septembre 1532. Après cette victoire, la compagnie à laquelle Jean appartient est dissoute. Ne sachant plus où aller, il décide de retourner chez ses parents à Montemor-o-Novo au Portugal.

Apprenant par un oncle le désastre produit par sa fugue, il en est bouleversé et éprouve une vive culpabilité. Le voici dans un grand désarroi. Il ne donne pourtant pas suite à la proposition de son oncle de le garder chez lui. Jean repart sans savoir au juste où aller. Son comportement erratique va désormais révéler une nature inquiète, instable et désordonnée.

On le trouve d'abord berger en Andalousie, mais il ne ressent plus aucun goût pour les moutons. Il s'entiche alors de l'Afrique du Nord. Traversant Gibraltar, il rencontre un comte proscrit par le roi Jean III du Portugal et condamné à l'exil à Ceuta, enclave portugaise, avec sa femme et ses filles. Minés par le mal du pays et la rigueur du climat, le comte et sa famille tombent malades. Jean reste seul valide et les soigne avec un dévouement qu'on ne lui a pas connu jusque-là. Les soins médicaux ont fait fondre les économies du comte, et Jean prend à sa charge les frais d'entretien de ce pauvre ménage en s'engageant comme maçon dans la construction des fortifications de la place forte de Ceuta. Parfaitement dévoué à l'exercice de sa nouvelle responsabilité, Jean éprouve une joie intense à se donner entièrement à cette malheureuse famille. Mais les maîtres d'œuvre, pressés de voir s'achever les travaux, traitent leurs ouvriers avec une rigueur toujours plus grande. Malmenés, considérés comme des esclaves, beaucoup d'entre eux partent se réfugier chez les Maures à Tétouan et embrassent alors l'islam. Frappé par la fuite et l'apostasie d'un de ses très proches compagnons de travail, Jean fait une grave dépression. Ici les biographes divergent : pour les plus pieux, « Jean aurait combattu avec vigueur les apostats au nom de la vraie foi, celle du christianisme » ; pour d'autres, moins conformistes, il aurait été tenté lui-même de changer de bord. Un frère franciscain sort Jean de ce mauvais pas et le presse de rentrer en Espagne, ce qu'il fait, heureux de savoir que le roi Jean III a pardonné au comte proscrit et l'a autorisé à revenir d'exil.

Jean a quarante-deux ans, il retraverse le détroit sous une grande tempête où il frôle la noyade. Parvenu en terre chrétienne, il se rend à l'église pour remercier Dieu de l'avoir délivré de la tentation d'apostasie et du péril couru en mer. Il interprète ces avatars comme de justes punitions du ciel, au regard de ses fautes passées qui le tourmentent encore. Complètement perdu, il ne cesse de répéter : « Seigneur, donne la paix à mon âme et fais-moi connaître le chemin que je dois suivre pour arriver à toi. »

Jean met alors à exécution le conseil donné par le franciscain de Ceuta de lire l'Évangile. Il se plonge avec ferveur dans cette lecture. À compter de ce jour, sa vie bascule. Le voici aussi enthousiaste pour les Saintes Écritures qu'il l'était jadis pour les moutons et les chevaux du majoral, pour les armées de Charles Quint et pour le comte proscrit de Ceuta. Ainsi alternent chez Jean des phases de grand enthousiasme et d'autres marquées par le doute et l'angoisse. Était-il atteint d'une pathologie mentale ? Était-il « bipolaire » comme on dit aujourd'hui ? Faut-il voir dans ce tempérament et dans la succession des états maniaques et dépressifs une nature fragile et mal équilibrée ? Ce point a été débattu et n'a pas trouvé chez les nombreux psychiatres qui ont examiné son cas de réponse définitive, sinon que Jean de Dieu fut un grand angoissé.

Le voici donc occupant son temps à de menus travaux et à la lecture passionnée de l'Évangile, de

L'Imitation de Jésus-Christ et de *La Légende dorée* de Jacques de Voragine. Économisant sur la nourriture, il consacre ses maigres revenus à se procurer des livres saints et des images pieuses qu'il emporte en colporteur improvisé. Il s'installe alors à Grenade, dans une petite boutique de livres qui compte aussi des écrits romanesques, afin d'attirer de jeunes lecteurs qu'il s'emploiera avec persuasion à orienter vers de plus saintes lectures. Et si, selon Castro, son premier biographe, « le prix élevé d'un bon livre arrête le désir de l'acheteur, il se hâte de le céder à perte, n'hésitant pas à mettre le bénéfice spirituel d'autrui au-dessus de son bien-être personnel [1] ».

Dans son petit commerce, Jean s'emploie désormais à conquérir des âmes à Dieu. Gagne-t-il quelques sous dans son métier de libraire ? Ce serait mal le connaître, car tel ne lui semble pas être son destin. Son cœur lui arrache à nouveau cette prière angoissée : « Seigneur donne la paix à mon âme et fais-moi connaître le chemin que je dois suivre pour arriver à toi. » Sur ce point il va enfin être exaucé car, comme chacun sait, Dieu donne plus qu'à devoir.

Nous sommes le 15 janvier 1539. Jean va avoir quarante-quatre ans, Grenade est menacée par la peste. À l'église, le grand orateur, maître Jean d'Avila, évangélisateur de l'Andalousie devenu saint lui aussi, invite les fidèles à accepter de souffrir et de mourir plutôt que de commettre le péché. Cette prédication, dans le plus pur style du christianisme espagnol de la Renaissance où l'on ne s'encombre pas de nuances, provoque chez Jean un choc intense. Lui reviennent en

---

1. *Cf. Ibid.*, p. 46.

mémoire les péchés qu'il a commis et qui l'accablent... Mais lesquels ? Aucun biographe n'en parle. Le voilà qui éclate en sanglots, hurlant de toutes ses forces : « Miséricorde mon Dieu, Miséricorde ! » Il sort de l'église, se roule à terre, se cogne la tête contre les murs, tire sur sa barbe et ses sourcils. A-t-il perdu la tête ? Il se précipite dans sa boutique, suivi par des enfants qui hurlent : « Au fou ! Au fou ! » Il distribue à tout venant le peu d'argent qu'il possède ainsi que tous ses livres. Il déchire ses ouvrages profanes de ses mains et même de ses dents. Le voici comme François d'Assise quasiment nu, car il ne garde qu'une chemise. Lorsque Jean d'Avila survient, il se jette à ses pieds et entreprend la longue confession de ses fautes. Toujours en larmes, il plonge dans un bourbier et se roule dans la boue. À la foule stupéfaite, il dévide la liste de ses péchés et de ses fautes. Les spectateurs sont persuadés qu'il a perdu la raison.

Est-il à ce moment-là, un de ces « fol-en-christ » comme nous les rencontrerons à propos de saint Séraphin de Sarov, grande figure de l'orthodoxie russe ? Cette crise le laisse complètement épuisé. Deux notables l'arrachent alors aux attroupements que son comportement suscite et l'amènent à l'hôpital royal où l'on accueille les fous de la ville. On le traite comme il est d'usage à l'époque par une thérapeutique roborative : des coups de fouet après l'avoir mis aux fers. Il jubile de pouvoir offrir ses souffrances à Jésus le crucifié. Est-il devenu masochiste ? Une question que l'on peut se poser à propos de bon nombre de saints qui n'hésitent pas à mortifier leur corps ou à subir les pires avanies. De fait, ces traitements semblent décupler leur joie, pour la plus grande confusion des sages de ce monde.

En revanche, Jean ne supporte pas de voir fouetter les autres patients. Il apostrophe les infirmiers en ces termes rapportés par Castro : « Ô traîtres à la vertu, pourquoi traitez-vous si bas ces pauvres malheureux et frères qui se trouvent dans cette maison de Dieu en ma compagnie ? Ne vaudrait-il pas mieux prendre compassion de leurs épreuves, les tenir propres, et leur donner à manger et plus de charité, d'affection que vous ne le faites ? Les Rois catholiques ont légué en effet pour accomplir ce devoir la rente nécessaire. » Contre toute attente, Jean finit par se calmer et guérit, à la plus grande satisfaction du directeur de l'établissement et des infirmiers flagellants. À peine libéré de ses fers, il se met au service de l'établissement et de ses malades. C'est lors de ce court séjour à l'hôpital, d'abord comme malade puis comme aide-soignant, que la vocation de Jean se précise : il s'occupera des nécessiteux et des malades, en créant à Grenade un hospice pour les recevoir. Le jeune homme fier, de tempérament émotif, de caractère impulsif, d'esprit aventurier, aspirant plus que tout à la liberté et fuyant les contraintes, se voit enfin révéler, à la faveur de cette épreuve, sa vraie et légendaire vocation.

Jean d'Avila, qui est devenu son directeur de conscience, prend néanmoins soin de ménager pour son pénitent une période de repos et de convalescence. Il le place dans le collège pour jeunes garçons de la ville de Baeza. Le saint homme s'emploie à modérer les ardeurs et l'impétuosité des sentiments de repentir de Jean de Dieu, tandis que le temps rétablit son équilibre nerveux si ébranlé. Après un pèlerinage à Notre-Dame de Guadalupe, toujours à pied, où il observe attentivement l'organisation de l'hôpital où il est hébergé, Jean revient à Grenade et met en œuvre son grand dessein. Il commence par ramasser du bois mort aux abords de la ville et à vendre les fagots contre quelques pièces dont il ne garde quasiment rien pour lui, distribuant ces maigres aumônes aux pauvres. Il ne manque jamais sa messe du matin et vit pauvre parmi les pauvres. Puis il loue pour trois fois rien une maison qui va devenir son premier hospice, et où les pauvres qu'il rassemble chaque soir autour de lui pour passer la nuit sur une place de la ville pourront dormir plus confortablement. La pièce du rez-de-chaussée est réservée aux voyageurs de passage. L'argent commence à rentrer, car les nobles et les bourgeois de la ville tiennent en haute estime l'œuvre engagée. Jean installe quarante-six lits surmontés d'une croix, composés chacun d'une natte, de deux couvertures et d'un traversin. Et contrairement aux usages de l'époque, il n'admet qu'un seul occupant par lit.

Il faut imaginer un Jean de Dieu entièrement voué à ses pauvres, comme une Mère Teresa ou un Vincent de Paul le seront après lui. De jour, il mendie, aussi bien dans la rue qu'auprès des personnes fortunées qu'il fréquente. Pour susciter la générosité, il crie : « Quelqu'un veut-il se faire du bien à lui-même ? Mes frères pour l'amour de Dieu faites-vous du bien à vous-même ! » Il s'inspire de ce verset du livre du Siracide : « Mon fils, dans la mesure où tu le peux, traite-toi bien [1]. » Les pauvres qu'il recueille dans la rue, il les porte à l'hospice sur son dos, se considérant comme un âne, à l'instar de saint François d'Assise qui se traitait, lui, de bourricot. Dans

---

1. Siracide 14,11.

l'asile, « les malades sont regroupés selon leurs pathologies, dans une pièce les fiévreux, dans une autre les blessés, dans une troisième les impotents [...]. Chaque jour, des médecins viennent les visiter à titre gracieux. » Des prêtres passent aussi pour les réconforter, de sorte que la guérison est le fruit simultané d'une thérapeutique du corps et de l'âme. Devant l'ampleur que prend l'œuvre en développement, les quêtes de porte à porte ne suffisent plus. Jean s'adresse alors aux nobles de Grenade, puis à ceux de toute l'Andalousie, introduit auprès d'eux par son maître spirituel Jean d'Avila. Il rencontre même l'infant d'Espagne, le futur Philippe II, qui lui fait une très généreuse aumône.

L'amour incoercible de Jean pour les pauvres va parfois au détriment de son hospice, quand il redistribue de belles aumônes à des pauvres rencontrés en chemin. Il ne lui reste alors plus rien en arrivant à l'hospice, à la grande désolation de Jean d'Avila, son confesseur et ami, qui lui reproche son « extrémisme caritatif ». Mais ne faut-il pas porter les vertus à un haut niveau d'héroïsme pour devenir un saint ?

D'où cette anecdote : ayant reçu du marquis de Tarifa, don Pedro Enriques, une aumône de vingt-cinq ducats, Jean sur le chemin du retour réfléchit au meilleur emploi de cette forte somme. Mais le marquis veut le mettre à l'épreuve et, s'étant déguisé en pauvre hère, l'interpelle et lui demande l'aumône. Jean lui remet derechef les vingt-cinq ducats. Le marquis, émerveillé d'une telle charité, s'en ouvre à ses amis et ils décident de le doter plus généreusement encore. Il se rend donc à l'hospice proposant à Jean de Dieu de lui rendre les vingt-cinq ducats qui, lui a-on dit, ont été volés, et prétendant avoir récupéré la somme dérobée. Il la lui rend, augmentée de cent cinquante écus d'or, de cent cinquante pains, quatre moutons et de huit poulets. Les vies de saints regorgent d'anecdotes de ce genre où la charité appelle la charité. Pour ceux qui n'ont rien que leur cœur brûlant d'amour, l'argent ne fait jamais défaut pour réaliser les œuvres les plus audacieuses et les plus méritantes. On peut aussi se demander comment Jean put mener une telle entreprise seul et sans compagnon. Il suffit de penser à l'abbé Pierre, créant son œuvre immense avec un ancien repris de justice. Ainsi, Jean trouva toujours les aides nécessaires au bon fonctionnement de l'hospice.

Nous sommes en 1545, Jean n'a plus que cinq années à vivre. Un procès pour assassinat est en débat à Grenade. Il concerne deux frères : Antoine et Pedro Martin. Pedro était au service de riches propriétaires andalous dont il avait gagné l'estime. Ces derniers auraient cru le combler en lui proposant d'épouser leur fille. Pedro avait décliné cette offre avec dédain. En Espagne, à cette époque, un tel affront devait être lavé dans le sang, ce qui expliquerait peut-être pourquoi Jean abandonna ses fonctions de jadis auprès du Majoral. Toujours est-il que Pierre Velasco, frère de la malheureuse éconduite, assassine Pedro pour sauver l'honneur. Antoine décide alors de venger son frère. Il livre l'assassin à la justice et arrache au juge sa condamnation à mort. Or Antoine est un généreux donateur de l'hospice. Jean va donc à sa rencontre et le supplie au nom de Jésus de pardonner au meurtrier de son frère. Bouleversé, le malheureux Antoine tombe à genoux et offre, en guise de repentir, d'entrer au service de Jean et de son hospice. On se rend alors en prison, où Antoine se jette au cou de Pierre Velasco. Les deux ennemis réconciliés s'engagent à servir les pauvres avec Jean pour l'amour du Christ. Le greffier prend note de cette réconciliation et le tribunal rend sa liberté au meurtrier. À compter de cette date, Antoine Martin devient irremplaçable pour la gestion de l'hospice où il succède à Jean de Dieu après sa mort, avant de fonder à Madrid l'hôpital Notre-Dame de l'Amour de Dieu. Pierre Velasco vivra encore vingt-deux ans en consacrant sa vie à l'hospitalité.

Lorsque fin 1546, les Carmes quittent leur couvent, Jean a pu, avec l'aide du nouvel archevêque de Grenade, acquérir leur demeure, beaucoup plus grande que l'hospice, pour faire face à l'afflux toujours grandissant de pauvres et de miséreux. Pour mener à bien cette tâche, l'archevêque lui a attribué la somme de mille cinq cents ducats.

Les dames de noble condition d'Andalousie, grâce auxquelles il a pu recueillir les fonds nécessaires à sa nouvelle installation, se montrent très généreuses à son égard. Car Jean de Dieu n'a aucun autre revenu que les aumônes. Voici comment Jean évoque, dans une lettre, son nouvel hôpital : « La ville est grande et comme il fait froid par ces temps d'hiver, les pauvres affluent dans cette maison de Dieu. En comptant malades, bien portants, gens de service et voyageurs, il y a plus de cent dix personnes. C'est un hôpital fédéral, aussi y reçoit-on en temps ordinaire, toutes sortes de malades et toutes sortes de gens. Il y a des perclus, des manchots, des eczémateux, des muets, des aliénés, des paralytiques, des teigneux, des vieillards et beaucoup d'enfants, sans parler des nombreux voyageurs et passants qui s'arrêtent et auxquels on donne le feu, l'eau, le sel et les ustensiles nécessaires à l'apprêt des aliments. Pour tout cela il n'y a pas de revenu, mais Jésus-Christ pourvoit à tout. Point de jours où il ne faille quatre ducats et demi et quelquefois cinq pour approvisionner la maison en pain, volaille, viande et bois, sans compter les frais spéciaux et les médicaments. Quand les aumônes ne suffisent pas à pourvoir à tous ces besoins je prends à crédit ; parfois il nous arrive aussi de jeûner [1]. »

Le zèle caritatif de Jean n'a aucune limite. Il s'exerce aussi à l'endroit des prostituées qu'il s'efforce, non sans succès, de ramener sur la bonne voie en leur trouvant le plus souvent un mari, en lieu et place des souteneurs très actifs à l'époque. Un jour où l'hospice manquait de tout et n'avait plus un sou, une prostituée s'en prit à lui le traitant d'hypocrite. Comme elle menait grand tapage à le diffamer, il lui dit : « Tôt ou tard il faudra que je te pardonne, je te pardonne donc tout de suite. »

Mais voici qu'un jour, l'hôpital royal où il a été jadis hospitalisé prend feu. Jean se précipite pour sauver les malades, qu'il porte comme à son habitude sur son dos les uns après les autres, traversant les flammes au mépris des brûlures. Tous sont sauvés et l'on crie au miracle. En revanche, il ne parvient pas à sauver, quelque temps plus tard, un jeune garçon tombé dans une rivière en crue alors qu'il ramassait du bois pour l'hospice. Jean ne réussit pas à l'arracher aux flots en furie. Il rentre, trempé et glacé et, déjà

---

1. Jean Caradec Cousson, *De l'angoisse à la sainteté. Jean de Dieu patron des malades et des infirmiers*, op. cit., p. 99.

épuisé par sa tâche, tombe gravement malade. Il comprend alors que le moment est venu de quitter ce monde. Tandis qu'Antoine Martin a pris les rênes de l'hospice, une dame charitable et de haut rang l'invite à venir dans une chambre chauffée de sa riche demeure pour y être soigné. Jean refuse de se séparer de ses pauvres qui sont toute sa vie. On finit néanmoins par lui faire entendre raison. Malgré les soins prodigués, le mal s'aggrave. Sentant sa fin proche, il parvient néanmoins à se traîner et à se mettre à genoux sur le sol, pressant son crucifix sur sa poitrine haletante. C'est ainsi qu'il rend sa belle âme à Dieu le 8 mars 1550, à l'âge de cinquante-cinq ans.

On constata alors, selon son biographe Castro, un prodige digne d'admiration. Après sa mort, le corps de Jean resta fermement à genoux sans tomber, l'espace d'un quart d'heure. Il serait resté dans cette position si les personnes présentes le voyant ainsi et craignant que le corps ne se raidisse n'avaient entrepris de le recoucher sur son lit. Toute l'Andalousie se pressa à l'enterrement de celui que tous considéraient comme un saint.

Vingt ans après, comme il était d'usage à l'époque en ce qui concernait les saints, note son biographe, « quelques chevaliers désirant voir le corps de Jean de Dieu entrèrent dans le caveau. Jean était sans trace de corruption sauf à l'extrémité du nez. Ils en restèrent émerveillés car on ne s'était pas préoccupé de l'embaumer ».

Achever une biographie par un pied de nez, c'est introduire de l'humour dans une vie chahutée mais pleine d'amour.

Dans sa profonde humilité, Jean de Dieu n'avait jamais songé à créer une nouvelle congrégation religieuse de Frères hospitaliers au sein de l'Église. Pourtant son œuvre se développa et se perpétua, en Espagne d'abord, puis dans toute l'Europe et enfin en Amérique. À la fin du XVIIIe siècle, elle ne comptait pas moins de deux cent quatre-vingts hôpitaux. Trente-six ans après la mort du saint, le pape Sixte Quint confirma la naissance d'un nouvel ordre religieux avec le titre de congrégation des Frères de Saint-Jean-de-Dieu. À travers leur histoire, les hôpitaux tenus par l'ordre se spécialisèrent dans les soins des maladies mentales avec ce souci « de faire du saint Jean de Dieu », en d'autres termes d'agir envers les malades avec humanisme et compassion. L'humanisation des hôpitaux, souci de Simone Veil lorsqu'elle fut ministre de la Santé, reste de la plus haute actualité. La priorité désormais donnée aux technologies, certes efficaces, et au « management » des établissements hospitaliers ne finira-t-elle pas par déshumaniser totalement une fonction dont la noblesse est d'apporter au malade amour et réconfort ?

Et pourtant, comment ne pas se sentir comme une voiture « mise au marbre » quand une infirmière vous confesse qu'il lui est interdit de parler à ses malades, ce qui serait une perte de temps ? C'est ce qui me fut dit lors d'une hospitalisation récente. Quel saint notre société pourrait-elle engendrer pour insuffler au monde hospitalier ce supplément d'âme, facteur évidemment essentiel à la guérison ?

Les lévitations de Thérèse d'Ávila

J'ai à l'égard de Thérèse d'Ávila une dette de reconnaissance. Dans la pire période de ma vie, il y a une trentaine d'années, elle m'accompagna dans une nuit obscure qu'elle éclaira de quelques rayons. Il me fallait bien l'indomptable énergie de cette intrépide espagnole, née sous le signe du bélier de surcroît, pour m'amarrer à une vie qui semblait me couler comme du sable entre les doigts. Elle fut de celles qui me tirèrent d'affaire car pour elle, quelle que soit la sévérité des épreuves, « Dieu seul suffit ». Je m'employai à partager cette revigorante opinion.

Le calendrier des saints canonisés comporte deux Thérèse.

La première, la grande Thérèse, est espagnole. Elle vécut au XVIe siècle, à Ávila. On la vénère sous le nom de Thérèse de Jésus. La seconde, la petite Thérèse, a vécu brièvement à Alençon et à Lisieux au XIXe siècle. Elle fut canonisée sous le nom de Thérèse de l'Enfant Jésus. Toutes deux étaient carmélites.

Thérèse d'Ávila illustre l'une des deux apogées de la mystique catholique. La première remonte au XIIe siècle avec Hildegarde de Bingen, suivie des mystiques rhénans. La seconde au XVIᵉ siècle espagnol, avec Thérèse d'Ávila et Jean de la Croix. La tradition mystique a toujours tenu dans l'Église une place marginale ou d'exclue – et paradoxalement aussi une place centrale.

Thérèse d'Ávila a beaucoup écrit, laissant à ses biographes une mine d'informations de première main. On a aussi beaucoup écrit sur elle. Marcelle Auclair nous en a laissé une biographie [1] si judicieusement documentée qu'André Maurois la qualifia de « biographie parfaite ». Pas un mot dans ce texte qui ne soit un fait conforme à la stricte vérité historique, pas une parole prêtée à sainte Thérèse qu'elle n'ait effectivement prononcée. Les écrits de la grande Thérèse forcément suspects aux yeux des théologiens, en raison de son mysticisme, furent passés à la loupe par l'Inquisition avant d'être reconnus conformes à la doctrine catholique, ce qui propulsa Thérèse au rang des docteurs de l'Église – un rang qu'elle partage avec Catherine de Sienne, les deux seules femmes détentrices de ce titre prestigieux.

La vie de Thérèse d'Ávila est extraordinaire. Toujours malade, comme l'ont été tous les mystiques, elle illustre la phrase adressée par Dieu à saint Paul : « Ma grâce te suffit, ma force se révèle dans la faiblesse [2] ! » Cette forte femme que jamais rien n'arrêta dans l'accomplissement de sa mission sut manier le paradoxe de rester dans l'obéissance de ses confesseurs

---

1. Marcelle Auclair, *La Vie de Sainte Thérèse d'Ávila*, Paris, Seuil, 1950.

2. 2 Corinthiens 12,9. Voir aussi Jean-Marie Pelt, *La Raison du plus faible*, Paris, Fayard, 2009.

et supérieurs tout en menant exactement sa barque dans le sens qui lui était dicté par ses visions.

Descendante de juifs convertis, Thérèse naquit le 15 mars 1515, année de la célèbre bataille de Marignan. Sa vie s'inscrit tout entière dans le XVIe siècle. L'Espagne de l'époque se nourrit des hauts faits de ses conquistadors en Amérique latine. Nature passionnée à l'imagination fertile, l'enfant avait été saisie d'effroi après avoir entendu une prédication sur l'enfer, comme seule l'Espagne du XVIe siècle pouvait en produire. Elle comprit que le mot « éternel » voulait dire : pour toujours. Avec son frère Rodrigo, son aîné de quatre ans, elle réfléchit aux conséquences de cette effroyable menace. Mais il y avait aussi le ciel et le bonheur éternel. Dès lors, pourquoi ne pas l'acquérir sur-le-champ ? Les Turcs venaient de s'emparer de l'île de Rhodes. Les deux enfants imaginèrent d'aller se faire décapiter en terre mauresque, afin de mourir en martyrs. Ils fuguèrent ensemble, Rodrigo âgé de dix ans et Thérèse de six. Ignorant tout de la géographie, ils prirent la route de Salamanque. Ils n'allèrent pas très loin et furent promptement reconduits à la maison. Thérèse qui avait imaginé cette escapade fut sévèrement punie. Elle décida alors d'être ermite, faute d'avoir pu subir le sort de vierges martyres. Elle se déguisa en nonnette et soumit ses cousines aux rigueurs d'une règle qu'elle avait elle-même conçue. Naturellement, elle était prieure et menait ses « sœurs » à la baguette. Vint le temps où la petite fille grandissant s'éprit des romans de chevalerie. Elle eût voulu vivre cet amour éternel que le damoiseau offrait en toute courtoisie à sa belle. Elle avait quinze ans : elle était plus que belle, l'image même de la séduction. On disait qu'elle faisait perdre la tête à quiconque l'approchait. « Sa beauté et le soin qu'elle avait de sa personne, la finesse de sa conversation, la douceur et l'honnêteté de ses manières l'embellissaient encore, de sorte que le profane et le saint, le mondain et l'ascète, des plus âgés aux plus jeunes, étaient prisonniers, captivés par elle sans qu'elle perdît rien de ce qu'elle se devait à elle-même. Enfant et jeune fille, laïque et religieuse, elle fut pour tous ceux qui la voyaient ce que l'aimant est pour le fer [1]. »

Thérèse passait désormais plus de temps devant son miroir qu'à dire le rosaire. Elle se maquillait, se parfumait, s'épilait, portait des colliers, se coiffait de rubans. L'adolescente romanesque aimait voir converger vers elle tous les regards. Était-elle amoureuse d'un de ses cousins, Pedro ? Elle n'en parla jamais, mais son entourage le pensait. Craignant sans doute qu'elle se perdît dans les attraits du monde, qui la séduisaient autant qu'elle le séduisait, son père la confia aux nonnes du couvent des Augustines. Pourtant Thérèse ne se laissa pas embarquer dans la vie religieuse. Mariée ou religieuse ? Elle s'interrogeait, elle hésitait. Son corps aussi hésitait, dans une tension nerveuse intense, avec alternance de dépression et d'excitation, de sorte qu'on dut la reconduire chez son père. Elle avait dix-sept ans. Commença alors une longue période de lutte intérieure où elle estimait que « tout n'est rien », le fameux « nada », et que « Dieu est tout ». Encore fallait-il se décider d'aller vers lui ; une décision irrévocable que Thérèse aurait toutes les peines du monde à prendre, car le

---

1. Marcelle Auclair, *La Vie de sainte Thérèse d'Ávila*, *op. cit.*, p. 28-29.

monde qu'elle voulait fuir l'enivrait toujours et encore. Pourtant, au plus profond d'elle-même, elle avait décidé de se donner à Dieu et lorsqu'elle avait décidé quelque chose, c'était impétueusement.

Elle rentra donc au couvent des Carmélites de l'Incarnation contre la volonté de son père. Sa décision était prise, mais elle était lourde à porter, car il lui fallait triompher des attaches familiales. Elle méditait une lettre de saint Jérôme[1] : « Que faites-vous sous le toit paternel soldats pleins de mollesse ; bien que votre mère, les cheveux épars, les vêtements en loques, bien que votre père lui-même s'étende sur le seuil, passez le corps de votre père […]. Ici la piété filiale consiste uniquement à n'avoir point pitié ! » De cette terrible prise de décision, elle écrit : « Je ne crois pas que je souffrirai davantage en mourant que lorsque je suis sortie de la maison de mon père. On eût dit que chacun de mes os se séparait des autres, je n'éprouvais pas cet amour de Dieu qui anéantit l'amour pour le père et les parents, je n'agissais qu'à force de me dominer. Si le Seigneur ne m'était venu en aide, mes considérations ne m'eussent point suffi à me faire aller de l'avant. Il me donna le courage de me vaincre. » De ce mariage de raison avec Dieu, Thérèse finit par faire un mariage d'amour ; mais pour cela, il fallut attendre encore vingt ans pendant lesquels Thérèse fut écartelée entre le monde et Dieu.

Ce couvent ne ressemblait pas à ce qu'on imagine aujourd'hui être un couvent de Carmélites. Le parloir accueillait de nombreux visiteurs et les échanges mondains faisaient partie de la vie conventuelle. La

---

1. *Ibid.*, p. 55.

règle était souple, « mitigée ». C'est dans cette ambiance que Thérèse mena ce qu'elle appelait le grand combat contre elle-même. Elle semblait d'autant moins douée pour la sainteté qu'elle était faite pour les succès du monde. Elle se jugeait pétrie de défauts, orgueilleuse, futile, dominatrice, mais sensible aux influences, avec un fort goût de plaire qui ne freinait pourtant pas ses sautes d'humeurs. Celles-ci débouchaient parfois sur de terribles colères. Ce qu'elle appelait son « noir amour-propre », comme le mouvement des marées, la faisait tantôt foncer vers l'héroïsme, tantôt reculer vers le monde. Que se présente à elle une religieuse atteinte d'un ulcère purulent au ventre, rejetant un mélange de pus, de sang et d'excréments dans une puanteur extrême, Thérèse la prenait aussitôt en charge et alternait les soins qu'elle lui portait et les vomissements que l'odeur nauséabonde déclenchait. François d'Assise n'avait-il pas donné un baiser au lépreux ? L'amour de l'autre plus fort que tout.

Mais ce genre d'exercices se payait au prix fort. Thérèse souffrait de syncopes fréquentes et de fortes douleurs au cœur, au point qu'elle fut autorisée à sortir du monastère pour trouver chez elle une guérison qu'elle ne semblait curieusement pas souhaiter. Consciemment ou non, Thérèse s'acharnait à détruire son corps rebelle, incapable de suivre les élans de son âme et qui faisait retomber l'âme avec lui. « On lui administra selon l'usage de l'époque clystères, ventouses, saignées ; on lui donna des pilules en nombre impair, ce qui incitait à la dévotion, en rappelant les sept dons du Saint-Esprit ou les cinq plaies de Jésus ; on la frictionna à l'huile de scorpion, subtilisante et apéritive, et à "l'huile de brique" distillée à l'alambic après tout un travail de cuisson et trituration de briques choisies fort vieilles et fort vermeilles, qui guérissaient maux des nerfs et des articulations, ceux des reins et de la vessie, pourvu que la cause en soit le froid [1]. » De quoi tuer une personne en parfaite santé.

Devant les échecs de ces thérapies drastiques, on consulta une guérisseuse qui lui administra des plantes médicinales, des simples. Malgré son état lamentable, Thérèse s'efforçait de faire oraison, c'est-à-dire de se confier mentalement, de s'abandonner et de se fondre en Dieu. Mais elle n'y parvenait point, alors elle mourut… Ou plutôt on la crut morte. Plus aucun signe de vie. Plus de souffle qui ternirait le miroir approché de sa bouche. Un jour passa, puis deux : on creusa sa tombe au monastère de l'Incarnation, on l'enveloppa dans un linceul. On dressa une chapelle ardente. Les sœurs vinrent chercher le corps pour l'enterrer, mais son père protesta, prétendant détecter les battements du pouls. Et puis Thérèse soudain ressuscita, leva péniblement ses paupières qu'alourdissait la cire refroidie des cierges funéraires. Elle se vit dans cette chapelle ardente, langée dans son linceul, bredouilla d'une voix venant de loin et protesta auprès du Seigneur de ne l'avoir point rappelée à lui. Elle ne parvenait plus à remuer ni mains, ni bras, ni tête ; seul bougeait, comme elle l'écrit elle-même, un doigt de sa main droite. Il fallait surtout ne point la toucher, car le moindre contact déclenchait des douleurs horribles. On la retransporta au monastère de l'Incarnation ; pendant trois ans, elle y demeurera à l'infirmerie, paralysée. Son endurance,

---

1. *Ibid.*, p. 66.

Heureux les simples

sa patience émerveillaient ses consœurs ; ses plaintes avaient l'accent de la louange et de l'amour : « Ô Seigneur, je n'en voudrais pas tant. » Peu à peu son état s'améliora et « en marchant à quatre pattes » elle louait Dieu.

Ceux qui en déduiraient que Dieu s'était emparé de Thérèse se tromperaient. Elle reprit en effet sa vie légère au couvent et, saisie à nouveau par les mondanités, oublia de faire oraison. Elle dut attendre 1554, lorsque à l'âge de trente-neuf ans un choc se produisit en elle à la lecture des *Confessions* de saint Augustin, dans lesquelles elle se reconnut soudain. Thérèse décida alors d'abandonner définitivement ce monde, au profit du seul service de Dieu. Écoutons le récit de cette conversion par la lecture : « Lorsque j'en arrivais à sa conversion au moment où il entend cette voix dans le verger, ce que mon cœur ressentit fut si violent qu'on eût dit que c'était moi que le Seigneur appelait. Je ruisselais de larmes longuement [1]. »

La vie de Thérèse bascula. Son corps fut l'objet de phénomènes que l'on qualifierait aujourd'hui de paranormaux. Les lévitations, les syncopes, les divinations se succédèrent, au point qu'on manda des théologiens pour examiner son cas. Se prendrait-elle pour le nombril du monde ? C'était l'opinion des uns. Était-elle déjà sainte avant sa mort ? C'est l'opinion des autres. Serait-elle exhibitionniste ou simulatrice ? Certains le pensaient. Ses extases, il est vrai, affolaient ses consœurs : « Vous étiez comme morte », disait l'une ; « votre corps était raide, vos membres glacés », disait l'autre ; « votre pouls ne battait plus

---

1. *Ibid.*, p. 92.

qu'à peine », disait la troisième. La première grande extase dura trois jours pendant lesquels Thérèse demeura hors d'elle-même avant que ses facultés ne reviennent. Mais l'amour de Dieu croissait en elle en même temps que se multipliaient les phénomènes surnaturels. Elle ne parvenait plus à résister à ces manifestations, même en compagnie d'autres personnes. Comme un géant enlève un fétu de paille, de fortes extases la maintenaient suspendue au-dessus du sol. On la vit un jour s'élever dans la chapelle du monastère, loin au-dessus de terre. Elle tenta d'accrocher les deux mains à la grille de la table de communion, mais rien n'y fit. Une force la soulevait « avec une impétuosité si puissante qu'on sent[ait] monter [...] cet aigle irrésistible qui vous emporte sous ses ailes ».

Le cas Thérèse finit par faire grand bruit dans Ávila. Elle tenta de se cramponner à la terre en faisant des bouquets pour la chapelle, en faisant la cuisine, où elle était experte et le ménage aussi. Quand on lui demandait si ses lévitations n'étaient pas trop gênantes, elle répondait : « Si, surtout lorsque je fais la vaisselle. » Elle dut se battre contre son confesseur qui lui imposait de sévères pénitences pour tenter de la ramener sur terre. Elle lui obéit en tout, au point que ce dernier, surpris, disait la considérer comme un petit enfant. On songe à la parole de l'Évangile : « Si vous ne devenez semblables à de petits enfants, vous n'entrerez pas dans le royaume de Dieu. »

Cette affaire était si extraordinaire que Thérèse dut à maintes reprises « expliquer son âme » à des experts. D'abord au père François Borgia, puis au frère Pierre d'Alcantara, puis au Maître Jean d'Ávila. Ce fut, semble-t-il, Pierre d'Alcantara qui lui permit de définir sa vocation, à savoir de réformer le Carmel. La Réforme protestante qui battait son plein en Europe y était sans doute pour quelque chose. À compter de ce moment, Thérèse mit toute son énergie à créer de nouveaux monastères, non plus « mitigés » mais « déchaussés », en cela que les carmélites iraient pied nus dans des sandales et reviendraient à la règle première de Notre-Dame du Mont-Carmel, fondée sur la pauvreté, le silence, la solitude.

Elle s'éleva contre les entorses à la règle. Elle admonesta ses consœurs promptes à manquer les offices au premier mal de tête : « Pensez à tant de femmes mariées, j'en connais et même de qualité, qui en proie à de grandes souffrances corporelles n'osent pas s'en plaindre de peur de fâcher leur mari et qui, par cela, portent de bien lourdes croix. Et mon Dieu, nous ne sommes pas venues ici pour être plus à notre aise qu'elles ne le sont. Ô mes filles, puisque vous êtes à l'abri de ces peines si cuisantes qui se rencontrent dans le monde, sachez au moins endurer quelques petites choses pour l'amour de Dieu sans en informer tout le monde. »

Thérèse créa d'abord à Ávila le monastère Saint-Joseph, aidée financièrement par l'un de ses frères de retour du Pérou. Le monastère à peine fondé, elle nomma une de ses religieuses prieure, une autre sous-prieure et ne se réserva pour elle que le bonheur de leur obéir.

Face à cette détermination, les réactions des sœurs furent diverses. Craignant pour leur confort, la plupart d'entre elles s'opposaient vigoureusement à la stricte observance de la règle à laquelle Thérèse les soumettait. Elles redoutaient l'immixtion dans leur vie douillette de celle qui était devenue la mère supérieure, la *madre*, tout entière consacrée à ses nouveaux Carmels déchaussés, alliant avec bonheur contemplation et action.

Les oppositions furent fortes et vinrent de toutes parts. Un théologien souhaita vivre assez longtemps pour voir cette nonne finir sur le bûcher. Elle dut affronter le supérieur général de l'ordre, mais trouva appui auprès du roi Philippe II. Elle subit les affres de l'Inquisition qui brûla ses écrits, mais des copies avaient été miraculeusement préservées. Contestatrice de l'ordre, ou du désordre établi, Thérèse était déjà une moderne. Elle sillonnait les routes incertaines de l'Espagne et subissait les aléas des voyages peu compatibles avec sa santé. Un jour où le chariot dans lequel elle avait pris place culbuta et la blessa à la jambe, s'adressant au Seigneur qu'elle appelait sa « Majesté », elle lui dit : « Si c'est ainsi que tu traites tes amis, je comprends que tu en aies si peu ! »

Thérèse fonda à travers toute l'Espagne dix-sept monastères déchaussés et suggéra à son fidèle ami, Jean de la Croix, qu'il entreprît une réforme parallèle pour les monastères d'hommes. Son intrépidité venait à bout de toutes les difficultés.

Que Thérèse, de santé fragile, eût pu mener tambour battant cette épopée contre vents et marées relevait du miracle. Le contraste est saisissant entre sa santé perpétuellement délabrée et le succès de ses entreprises. Elle passait du sérieux à l'humour, des grands projets à un soin attentif au détail, d'une énergie indomptable à une douceur délicate, avec toujours une intransigeance absolue pour la vérité et la charité. Sous sa plume d'une justesse et d'une perspicacité époustouflantes, la vivacité et l'alacrité de son esprit se révélaient percutantes.

Alors qu'elle partageait une maison vide jadis occupée par des étudiants à Salamanque, la sœur qui l'accompagnait eut une angoisse soudaine : « Ma mère je me demande ce que vous feriez si je mourais subitement ici toute seule. » Thérèse hésita une seconde et lui répondit : « Ma sœur quand ce sera arrivé, je verrai ce que j'aurai à faire : pour le moment laissez-moi dormir. »

Énergique et courageuse, elle disait d'elle-même : « Je ne me souviens pas de m'être plainte, sous ce rapport je suis nullement femme, j'ai le cœur dur ! » Mais sa santé faiblissait et à compter du 20 septembre 1582, Thérèse dut s'aliter à Alba de Tormes. Elle répétait ces mots qui lui étaient chers : « Je meurs de ne pas mourir. » Puis elle mourut pour de bon, le 4 octobre de la même année.

Voici comment les pères bollandistes, experts en hagiographies, commentent la mort de Thérèse : « Il y eut à l'heure même des témoignages éclatants de son bonheur. Une religieuse vit son âme sortir de sa bouche sous la forme d'une colombe d'une blancheur admirable. Une autre la vit sous la forme d'un cristal lumineux qui s'élevait vers le ciel. Un arbre auprès de sa cellule, qui était sec depuis longtemps et que l'on avait même presque tout couvert de chaux et de décombres, reverdit et commença de porter des fleurs, quoique la saison s'y opposât. Son visage parut extrêmement beau et sans aucune ride, quoiqu'il en eût auparavant. Il sortit de son corps une odeur très suave qui embauma toute la chambre et qui se communiqua généralement à tout ce qui l'avait touchée, jusqu'aux mains de celles qui le lavèrent ; ce qui fit qu'on conserva précieusement tous ses habits : on les distribua à ses monastères, où ils ont été depuis l'instrument de plusieurs miracles. Elle-même apparut après sa mort à plusieurs personnes pour leur faire connaître l'éminent degré de gloire auquel elle avait été élevée : comme à la Mère Catherine de Jésus, qu'elle guérit d'un abcès au côté, et à un de ses religieux, grand serviteur de Dieu, à qui elle dit : "Nous qui sommes dans le ciel et vous qui êtes sur la terre devons être unis par un même esprit d'amour et de pureté : nous, en voyant l'essence divine ; vous en adorant le Saint-Sacrement et en lui rendant les mêmes devoirs que nous rendons à la Divinité : nous, en jouissant ; vous, en souffrant. Et sachez, et dites-le à mes filles, que plus vous souffrirez, plus vous jouirez." [1] »

Étonnant masochisme des grands mystiques.

La fixation au calendrier liturgique de la date de la fête de Thérèse d'Ávila posa un problème incongru. Le 4 octobre, jour de sa mort, était déjà dédié à saint François d'Assise. On décida donc de célébrer Thérèse le lendemain, soit le 5 octobre. Mais en cette année 1582, le pape Grégoire XIII inaugurait le calendrier qui porte son nom, le calendrier grégorien. Il supprima dix jours de ce mois d'octobre en raison de jours un peu trop longs, car un décalage s'était peu à peu insinué dans le calendrier julien datant des Romains, de sorte que Noël tombait bien après le solstice d'hiver. On passa donc sans transition du 4 au 15 octobre 1582, et l'on fixa la fête de Sainte-Thérèse à cette date : le 15 octobre.

---

1. Thérèse de Jésus, site de la Société des Bollandistes, http://www.kbr.be/~socboll/index.php

Heureux les simples

Le corps de Thérèse subit les avatars que l'on réservait à l'époque aux grands saints. On l'exhuma le 25 novembre 1585 pour constater qu'il était resté intact, puis intervinrent les opérations de démantèlement, ou de démembrement, comme on voudra. Son pied droit et une partie de la mâchoire supérieure allèrent à Rome. Sa main gauche à Lisbonne. Son œil gauche et sa main droite à Ronda (Espagne). Son bras gauche et son cœur dans des reliquaires du musée de l'église de l'Annonciation d'Alba de Tormes où elle était morte. Ses doigts sont conservés dans diverses villes d'Espagne.

Sentant sa mort prochaine, la *Madre* avait dit : « Il est temps de nous voir, mon aimé. » Cette phrase avait profondément ému Paul Verlaine, Thérèse était pour lui l'exemple même d'une femme de génie. En l'honneur de son extraordinaire témoignage, il composa un poème : « Ô mon Dieu, vous m'avez blessé d'amour ! »

De Thérèse d'Ávila il nous reste une œuvre littéraire majeure d'un style vigoureux, alerte et souvent naïf, inscrit au patrimoine littéraire de l'Espagne. Mais il nous reste surtout cette prière fameuse aujourd'hui chantée dans l'Église, et notamment à Taizé :

> *Que rien ne te trouble*
> *que rien ne t'épouvante,*
> *tout passe*
> *Dieu ne change pas,*
> *la patience obtient tout,*
> *qui a Dieu, rien ne manque,*
> *Dieu seul suffit.*

Philippe Néri, un Florentin chez les loubards

Au passage, un coup de cœur pour Philippe Néri, saint patron de… l'extravagance.

Notre époque sécularisée a enfanté une nouvelle profession : les éducateurs de rue. Ces personnes vont à la rencontre de jeunes en délicatesse avec la société, drogués, délinquants abandonnés à eux-mêmes et à leurs pulsions, généreux pourvoyeurs de faits divers qui amènent les dirigeants politiques à réitérer d'interminables discours sécuritaires.

S'il fallait attribuer aux éducateurs de rue un modèle et un patron, Philippe Néri ferait l'affaire. Le personnage est si caractéristique au ciel des saints qu'il est impossible de faire l'impasse sur ses charismes [1]. Ce Florentin, né en 1515 comme Thérèse d'Ávila, passa toute sa vie à Rome où il vécut d'abord chez un compatriote dont il était le précepteur des enfants. Il s'était découvert très tôt plus apte au commerce avec Dieu, qu'au commerce tout court, auquel son père le

---

1. John Henry Newman, *Saint Philippe Néri*, Paris, Ad Solem, 2010 ; Giorgio Papàsogli, *Philippe Néri, un homme dans son siècle*, Paris, Téqui, 1991.

destinait. Comme tous les saints, mais à la différence de la plupart d'entre eux, qui créèrent des institutions ecclésiastiques ou réformèrent celles auxquelles ils appartenaient, Philippe Néri fut une sorte d'électron libre, à l'instar de notre cher Guy Gilbert engagé sur le même terrain. Il allait à la rencontre des jeunes désœuvrés et organisait avec eux toutes sortes d'animations et de divertissements. On chantait, on riait… et on priait. On rapporte à son sujet un épisode pathétique. Un jour de Pentecôte, une flamme le pénétra, atteignit son cœur, le dilata au point de faire éclater deux côtes de sorte que ce soleil intérieur puisse prendre toute sa place en son sein. Ces côtes rompues, on pouvait les palper, à la manière dont saint Thomas palpa les mains du Christ !

Philippe était un formidable boute-en-train, espiègle et joyeux. Son amour éperdu pour Dieu et pour ses frères était communicatif, au point d'amener à la prêtrise beaucoup de jeunes gens alors qu'il n'était pas prêtre lui-même. Philippe n'était pas un triste saint, entretenant autour de lui une gaieté faisant bon ménage avec les manifestations extraordinaires que connaissent les mystiques. Cet espiègle en odeur de sainteté finit par devenir prêtre à trente-six ans. Ses légendaires excentricités finirent par attirer l'attention sur lui, y compris celle de l'Inquisition qui ne manqua point de lui chercher des noises. Ses initiatives marginales, sa vie tout entière donnée, mais en dehors des normes et des chemins tracés d'avance, ne pouvaient qu'inquiéter, à une époque où l'Église menacée par la Réforme ne savait plus… à quel saint se vouer. La ville de Rome se voua en tout cas à Philippe. Sous la pression de ses amis, Philippe créa en 1564 l'Oratoire, une communauté spirituelle sans vœux, vouée à l'enseignement et à la prédication. Les membres de l'Oratoire nous donnèrent à leur tour les oratorios, car autour de Philippe, on chantait beaucoup et on créa ce genre musical qui se perpétue depuis.

Il y a quelque chose de fellinien chez ce Florentin devenu romain, au cœur de la Ville éternelle agitée par le libertinage de la Renaissance. Débordant d'énergie, enthousiaste, imaginatif, meneur d'hommes, Philippe a assoupli et humanisé la religion, au plus grand étonnement de ses supérieurs qui finirent toujours par se rallier à ses vues et à ses méthodes. Engagé sur tous les chantiers, hyperactif, il fonda une maison de convalescence, des lieux d'accueil pour les pèlerins, un institut pour les malades mentaux et plusieurs écoles pour ses jeunes guéris de leur dépravation. Mais il trouvait aussi le temps de célébrer des messes extraordinairement longues, saisi d'extase à l'autel. Il fallait que l'enfant de chœur le refasse atterrir à grands coups de clochettes.

Bonhomme et débonnaire, sa façon très simple de vivre avec les gens, les jeunes surtout, de partager leurs loisirs, de rire et de chanter font de cette personnalité singulière un être particulièrement attachant. La ville de Rome, rechristianisée par ses soins, en fit son second patron après saint Pierre.

Benoît Joseph Labre, saint des clochards

Les mortels ordinaires pourvus d'un toit, d'habits chauds et de provisions en suffisance s'étonnent de voir si souvent des SDF refuser même par grand froid, l'asile provisoire que leur offre le Samu social. Par un froid à pierre fendre, ces malheureux préfèrent rester dans leur cabane au fond du bois de Vincennes ou dans quelque recoin sous l'arche d'un pont. Quelle est donc cette liberté ultime qui s'exprime dans ce refus de se resocialiser, ne serait-ce que pour quelques nuits, dans un gîte offrant le toit et le couvert ? Ces « sans domicile fixe » ont aussi leur saint patron en la personne de Benoît Joseph Labre, SDF comme eux, canonisé par Léon XIII en 1881, un peu moins de cent ans après sa mort, survenue le 16 avril 1783.

Perçue comme un défi aux valeurs du siècle des Lumières, cette canonisation d'un clochard fit scandale : « Un exemple de paresse et d'obscurantisme sanctifié sous prétexte qu'il était mort en état de grâce », déclara un sénateur français à cette occasion.

Dans un monde soucieux d'utilité et d'efficacité c'est, selon le mot de Descartes, « ne valoir rien que de n'être utile à personne ». Que valait donc le pauvre Benoît Joseph ?

Tandis que le XVIIIe siècle voyait émerger et s'amplifier les idées nouvelles en réaction contre l'autoritarisme de la monarchie et les pouvoirs exorbitants de l'Église, l'idée de liberté de conscience et de liberté des peuples s'imposait comme la valeur suprême, porteuse de la Révolution qui s'ensuivit. C'est d'une autre idée de liberté que témoigne la vie de Benoît Joseph Labre. Non plus la liberté des libertaires, tout occupés à satisfaire leurs désirs, mais la liberté de ceux, et ils sont rares, qui ayant assagi passions et pulsions, partagent à l'instar des moines d'Orient et d'Occident, chrétiens ou bouddhistes, le bonheur d'être détachés de tout et de n'être remplis que de l'Unique Nécessaire. Benoît Joseph était de ceux-là.

Né le 26 mars 1748 à Amettes-en-Artois, dans une famille de cultivateurs [1], l'enfant manifeste très tôt un goût prononcé pour le secret, la solitude et la prière. Doué pour les études, il lit et écrit couramment dès l'âge de douze ans. Ses parents le confient à son oncle curé, auprès duquel il restera six ans, poursuivant ses études et apprenant notamment le latin. Si jeune encore, il lit les théologiens et les mystiques espagnols. Naturellement sa famille le destine à la prêtrise, mais lui préférerait une vie spirituelle plus secrète et plus intériorisée. Son désir le porterait ainsi vers le monachisme ou l'érémitisme. À la mort de son oncle emporté par une épidémie de peste, ses parents le confient à un autre oncle, prêtre lui aussi.

---

1. André Dhôtel, *Saint Benoît Joseph Labre*, Paris, Plon, 1957, rééd. Paris, La Table ronde, 2002.

Cet oncle Vincent est considéré dans son entourage comme un nouveau « Monsieur Vincent », une sorte de Vincent de Paul orienté vers des actions caritatives. Tandis que ses rares camarades voient en Benoît Joseph un sauvage renfermé sur lui-même, un bigot, cet homme pieux et charitable va désormais l'aider à trouver sa place chez les moines.

Mais tout va mal pour lui. Ni les Chartreux, chez lesquels il tente plusieurs fois de s'intégrer sans succès, ni les Trappistes où il fait un bref séjour, ni les Bénédictins ne l'accueillent. À peine entre-t-il dans un monastère qu'il en ressort, tantôt en raison de son jeune âge, tantôt de sa santé fragile, mais sans doute toujours de ses difficultés à vivre en communauté. La vie conventuelle entraîne chez lui angoisse et dépression. Était-il claustrophobe, incapable de supporter les contraintes de la vie en commun ? Il prend finalement de nouveau l'habit des Trappistes à l'abbaye de Sept-Fons dans l'Allier, où il est admis comme postulant en novembre 1769, à vingt et un ans. Mais il s'adonne, au monastère, à des exercices de jeûne et d'ascèse non prévus par la règle. Son état physique et psychologique se détériore, et le maître des novices le transfère à l'infirmerie, découragé par son inaptitude à la vie monastique. Benoît se voit finalement éconduit par le père abbé. Il vivra désormais comme un pèlerin, un ermite vagabond, se rendant à pied de lieu de pèlerinage en lieu de pèlerinage, parcourant durant sa courte vie pas moins de trente mille kilomètres à travers l'Europe.

La route est son monastère. On le trouve à Saint-Jacques-de-Compostelle, à Einsiedeln en Suisse, à Lorette et au Mont-Cassin en Italie, où il se rend plusieurs fois, seul et sans compagnon, vivant la contemplation dans le silence et la solitude. Par esprit de pauvreté et peut-être par commodité, il décide de ne plus se laver et c'est un pouilleux en loques, plein de vermine, qu'accueillent ses hôtes provisoires, des hospices, des asiles, mais plus souvent une grange, quand il n'est pas tout simplement réduit à dormir à la belle étoile. Sans domicile fixe, Benoît promène son corps défaillant, ses fripes et ses guenilles, mais aussi ses extases au plus grand mépris de son confort. Il n'a pas même un directeur de conscience et on lui compte au moins vingt confesseurs, rencontrés au hasard des routes et des sanctuaires visités. Ses biographes qui ont tenté de suivre pas à pas ses itinéraires erratiques lui attribuent quatre vingt et une destinations successives.

Complètement épuisé, bien que jeune encore, Benoît Labre se délabre. Il finit par interrompre ses épuisants périples en se rendant à Rome, où il va achever une existence « fondée sur rien, la vie en ce monde et surtout la vie en Dieu ». À Rome, il passe son temps à visiter les sanctuaires et les églises. Devenu pèlerin urbain, il finit par trouver refuge avec d'autres clochards comme lui, dans les ruines du Colisée. Pourtant l'errance continue. Lorsqu'un prêtre veut l'associer à un groupe de sans-abri dont il s'occupe, Benoît s'en retire et reprend sa liberté. Une liberté chèrement payée par les quolibets et les moqueries des enfants, toujours prêts à vilipender cette loque humaine. Pourtant, il ne refuse pas le contact avec autrui et répond toujours succinctement aux propos qui lui sont adressés. L'interlocuteur découvre alors dans sa bouche et son regard une immense charité et un amour débordant qui souvent entraînent la conversion. Bien vite, sa réputation de sainteté s'installe dans le cœur du peuple de Rome, et lorsqu'il meurt à trente-cinq ans dans une chambre où vient de l'accueillir un boucher compatissant, M. Zaccarelli, la ville de Rome est mise en émoi par des enfants qui, courant en tous sens, annoncent « la mort du saint ».

Son enterrement, à l'église Santa Maria dei Monte en pleine Semaine sainte, donne lieu à de gigantesques manifestations de foi populaire, amenant la garde du pape à intervenir pour éviter tout débordement. Sur son tombeau, bien vite les miracles se succèdent. Son procès en béatification n'en relève pas moins de cent soixante-huit : des guérisons physiques sans oublier celles de l'âme qu'on lui attribue. Mais son plus grand miracle est son étrange métamorphose *post mortem*. Zaccarelli témoigna d'une mort très sereine, discrète, passée quasi inaperçue. Aussitôt décédé, son corps émit un parfum suave et devint d'une rare beauté. Rongé par les vers et la vermine avant sa mort, il ne l'est plus après. Si la décrépitude, attribut de la mort physique, est sans cesse présente dans sa vie, elle ne l'est plus après sa mort. Étrange chronologie où le corps n'est bien portant... que mort !

En bon chrétien occidental qu'il fut, Benoît Labre médite le mystère de la Passion du Christ et de ses souffrances. Nul jamais ne l'a entendu se plaindre. Quand l'un de ses pères spirituels éphémères l'interroge sur sa manière tout intérieure de vivre le mystère de la Passion, qu'il associe au mystère de la Trinité, il répond : « Je ne sais rien, je suis transporté. » À l'autre bout de l'Europe, un autre pèlerin, orthodoxe russe celui-là, parcourra lui aussi, mais selon un récit légendaire, l'immense Russie. En bon orthodoxe, sa spiritualité sera davantage orientée vers cet autre mystère qu'est la Résurrection, événement central au cœur du christianisme.

Avant de le retrouver, avec saint Séraphin de Sarov, saluons une dernière fois Benoît Joseph, patron des sans domicile fixe, des pèlerins et des itinérants, ainsi que des personnes inadaptées. À l'occasion de sa canonisation, Verlaine prend le contre-pied du sénateur cité plus haut. Percevant le secret de l'intimité du saint et cette lumière qu'émettait sa vie spirituelle, qui ne pouvait selon lui s'exprimer que par la poésie, il lui consacre ce poème :

> *Comme l'Église est bonne en ce siècle de haine,*
> *D'orgueil et d'avarice et de tous les péchés,*
> *D'exalter aujourd'hui le caché des cachés,*
> *Le doux entre les doux à l'ignorance humaine.*
>
> *Et le mortifié sans pair que la Foi mène,*
> *Saignant de pénitence et blanc d'extase, chez*
> *Les peuples et les saints, qui, tous sens détachés,*
> *Fit de la Pauvreté son épouse et sa reine*[1]...

---

1. Paul Verlaine, *Souvenirs* (1881).

Séraphin de Sarov et le pèlerin russe

Quiconque porte son regard sur la Sainte Russie devra préalablement mettre entre parenthèses les trois marqueurs de notre culture hexagonale : le cartésianisme, la latinité et la laïcité, valeurs étrangères à l'âme russe. L'immensité du territoire de la Sainte Russie, trente et une fois plus grande que la France, n'a d'égale que l'immensité et la profondeur de son message spirituel. Si la Révolution française a fortement marqué les mentalités et fait de notre pays l'un des moins religieux des grandes démocraties occidentales, tout laisse penser que soixante-dix ans de communisme n'ont pas réussi à entamer en profondeur la sensibilité si particulière de l'âme russe. La puissance de ses affects interroge notre rationalité.

Nous excellons à mettre chaque concept dans une case, à diviser, à analyser, et à nous adonner aux jeux subtils de l'intellect. Or c'est tout le contraire dans la si bien nommée « Sainte Russie ». Ici, point de discontinuité entre le naturel et le surnaturel, entre la vie et la mort. Tandis que les miracles chez nous doivent être soigneusement tus, puisque nous pensons n'avoir aucune raison d'y croire, pour un Russe c'est l'inverse : il ne trouve aucune raison de n'y point croire. Le sens du divin est comme inné, et le miracle fait partie de la vie quotidienne. La curiosité typiquement russe pour tout ce qui touche à la mystique et plus prosaïquement à la parapsychologie va, à nos yeux, au-delà du raisonnable.

L'âme russe exprime une grande ouverture à la tendresse avec des expressions comme *Patouchka*, « petit père », *Matouchka*, « petite mère » et tant d'autres. En Russie, l'hiver est froid mais le cœur est chaud ; la vodka aussi. Pas de fête en Russie, sans que quelques convives s'effondrent ivres morts. Tout est question de mesure, dira-t-on, mais le Russe n'a pas de limite et vit toutes choses dans la démesure. Lorsqu'un saint russe cherche Dieu, il pousse l'héroïcité de ses vertus à l'extrême. Ainsi de ces starets, des saints que l'on pourrait qualifier de « chimiquement purs », dont la vie et les œuvres nous laissent pantois. Tel est en l'occurrence saint Séraphin de Sarov.

Séraphim signifie en hébreu « flamboyant ». Et flamboyant, Séraphin le fut, conforme en tout point à ce nom que lui donnèrent les moines de Sarov. À ce fils d'un entrepreneur en bâtiment de Koursk, né en 1759, la Providence fit un clin d'œil dès sa petite enfance. Il avait à peine sept ans, lorsque au cours d'une visite du chantier d'une église en construction, il tomba du haut de l'échafaudage qui entourait le clocher et se releva indemne. À la même époque, sa mère Agathe accompagnée de son bambin fut affectueusement prise à parti par un fol-en-Christ qui, à l'instar du vieux Siméon dans le temple de Jérusalem, lui annonça que son fils serait « un puissant intercesseur devant la Sainte-Trinité et un homme de prière pour le monde entier ».

Un fol-en-Christ ? Figure typique de la foi orthodoxe, le fol-en-Christ est une sorte de bouffon agité au parler énigmatique, courant de-ci de-là, se roulant dans la neige, séjournant aux porches des églises, souvent empêtré dans de lourdes chaînes, s'infligeant de terribles pénitences et, pour couronner le tout, simulant la folie. Happé par le divin, le fol-en-Christ prend ses distances, et quelles distances, avec le monde ordinaire. Mais ses dons de voyance ou de thérapeute lui valent parfois la canonisation. Le calendrier des saints orthodoxes n'en compte pas moins de trente-cinq. Le peuple russe, avide de justice et de vérité, se reconnaît volontiers dans ces contestataires véhéments dénonçant une pratique religieuse hypocrite ou attiédie. L'un d'entre eux est si célèbre qu'on l'enterra à Moscou dans cette belle église multicolore de la place Rouge qui porte son nom : Basile le Bienheureux.

C'est aussi un fol-en-Christ qui amène Séraphin à entreprendre, avec cinq autres fils de marchands, un pèlerinage à Kiev, ville sainte par excellence puisque, en 989, le prince Vladimir y embrassa la foi chrétienne pour lui et son peuple. La petite troupe parcourt environ mille cinq cents kilomètres, à pied naturellement, comme il sied à tout pèlerin russe. Arrivé à Kiev, Séraphin rencontre, au monastère des grottes, un célèbre starets, autre grande figure de l'orthodoxie russe que nous qualifierions de directeur spirituel, tout auréolé de l'aura que lui reconnaissent ses innombrables visiteurs. Et c'est ce starets qui lui conseille d'entrer au monastère de Sarov, à trois cent cinquante kilomètres à l'est de Moscou. Il a dix-neuf ans.

Après avoir à nouveau franchi les six cents kilomètres qui séparent Koursk, sa ville natale, de Sarov, Séraphin et deux des cinq amis avec lesquels il s'est rendu à Kiev entrent au « désert de Sarov ». Le désert, c'est la nature sauvage où la vie se libère de l'inutile, du futile, du superflu pour pouvoir se remplir de Dieu. N'est-ce pas le lieu idéal pour se sentir, tantôt abandonné de tous et de Dieu lui-même, tantôt donné à tous et abandonné à Dieu ? Les prophètes de l'Ancien Testament parcouraient les déserts, et Jésus y passa les quarante premiers jours de sa vie publique. Il y fut tenté par le démon, particulièrement agressif à l'égard de ces âmes assez vidées du monde pour qu'il entende bien conquérir la place. Pour Séraphin, le désert c'est l'immense taïga russe, la forêt à l'infini dans laquelle est lové le monastère avec ses clochers à bulbes dorés surmontés d'une croix. Le jeune moine est un garçon solide, vif, aux yeux bleus, s'adonnant à des tâches multiples et bientôt charpentier comme le fut Jésus. À l'instar de la plupart des saints, il tombe gravement malade, d'une hydropisie, au point de ne plus pouvoir quitter son lit. Mais la Vierge Marie le visite, accompagnée des apôtres Pierre et Jean. Se tournant vers eux, elle prononce cette étrange parole : « Il est de notre race. » La Vierge remplace le médecin et touche le pauvre Séraphin sur la hanche droite : aussitôt de l'eau s'en écoule tandis qu'une profonde cicatrice témoignera sa vie durant de ce miracle.

La piété et l'ardeur de Séraphin étonnent les moines, non sans susciter, on s'en doute, quelque jalousie parmi eux. Non content d'entretenir un commerce avec la Vierge qui le visita, dit-on, à douze reprises au cours de sa vie, Séraphin voit pendant les offices des anges traverser le chœur, brillants comme des éclairs et chantant mieux que les moines. Les vieux moines recrus d'ascèse et de prières le mettent en garde contre ces visions mystiques et plus encore contre les tentations d'orgueil qu'elles pourraient susciter en lui. Mais Séraphin se dit « terre et cendres ».

Poussé par une vive et impérieuse voix intérieure, il demande à son supérieur de lui autoriser la vie érémitique. L'autorisation obtenue, il se retire en pleine forêt à cinq kilomètres du monastère dans une vieille isba qu'il baptise son « petit désert lointain ». Le voici entouré d'immenses épicéas dont certains avaient plusieurs mètres de circonférence. Son habitat est des plus simples : dans un coin un poêle, dans l'autre un billot de bois en guise de chaise, et pas de lit. À quoi pourrait servir un lit quand on passe ses nuits en prière ? Il baptisa son ermitage « mont Athos ». Autour de l'isba, il reconstitua la Terre sainte en baptisant des lieux « Nazareth » ou encore « mont Thabor » et bien sûr « Bethléem ». Au mont Thabor, il lit l'Évangile et à Bethléem il chante le *Gloria* de Noël.

Séraphin n'échappe pas à la légende qui entoure les moines du désert, concernant leurs affectueux échanges avec les bêtes sauvages. De nuit, des ours, des lièvres et des renards ainsi que des reptiles entourent l'ermitage. Un gros ours finit par partager l'intimité du saint. Pour l'ours et le saint c'est l'alliance entre le divin et la nature : le père envoie l'ours « en commission » lorsqu'il reçoit des hôtes et l'ours revient, selon plusieurs témoins, avec des rayons de miel. Cette relation miraculeuse fait grandir le saint et pacifie l'ours, qui prend l'habitude de marcher sur ses pattes arrière. De sorte que, dans les

Heureux les simples

présentations posthumes de Séraphin, les plus populaires sont celles où l'on voit le saint assis sous un sapin nourrissant son ours. Dans le grand triptyque cosmique, Dieu, l'homme et la nature, Séraphin se tient au centre, entre le divin et la création tout entière. Il rejoint la sensibilité d'un Isaac le Syrien qui au VIIe siècle écrivait : « Cœur charitable ? C'est un cœur qui s'enflamme de charité pour la création entière, pour les hommes, pour les oiseaux, pour les bêtes, pour les démons, pour toutes les créatures. Celui qui a ce cœur ne pourra se rappeler ou voir une créature sans que ses yeux ne se remplissent de larmes, à cause de la compassion immense qui saisit son cœur. Et le cœur s'adoucit et ne peut plus supporter s'il voit ou s'il entend une souffrance quelconque, ne fusse qu'une peine minime affligée à une créature. C'est pourquoi un tel homme ne cesse de prier aussi pour les animaux [...]. Il prie même pour les reptiles [...]. Une pitié s'éveille dans le cœur de ceux qui s'assimilent à Dieu [1]. » On croit entendre saint François dont saint Séraphin est en quelque sorte l'homologue en orthodoxie. Il attribue à son jeûne la joie qui le submerge : « en jeûnant le corps devient diaphane et léger, la vie se perfectionne et se manifeste par des visions merveilleuses, les sensations extérieures sont comme abolies et l'intelligence abandonnant la terre s'élève vers le ciel et tout entière se plonge dans la contemplation du monde spirituel [2]. »

---

1. *Cf.* Hélène et Jean Bastaire, *Le Chant des créatures*, Paris, Cerf, 1996.

2. Irina Gorainoff, *Seraphim de Sarov. Sa vie*, en appendice, « Entretien avec Motovilov » et « Instructions spirituelles », Paris, Desclée de Brouwer-abbaye de Bellefontaine, coll. « Théophanie », 1979, p. 41.

Séraphin multiplie les exploits. Pendant mille jours et mille nuits, il passe l'essentiel de son temps debout sur un gros rocher plat, à l'instar du célèbre Siméon le Stylite censé être resté quarante-sept ans debout sur une colonne. On lui demanda un jour : « Sentez-vous l'aide de la grâce ? » À quoi il répond : « Certainement, les forces humaines seraient insuffisantes. » Et il ajoute : « Quand le cœur est plein de tendresse, Dieu est là ! » Survient une terrible épreuve : des brigands l'assaillent, le rouent de coups et le laissent pour mort. On mande les meilleurs médecins de la ville. Ils se déclarent impuissants, mais Séraphin a un autre tour dans son sac. Comme d'habitude, oserait-on dire, il reçoit dans un léger sommeil la visite de la Vierge Marie toujours accompagnée des apôtres Pierre et Jean. La Vierge répète : « Il est de notre race. » Séraphin ouvre les yeux et consent à manger un soupçon de choucroute et de pain. Pour lui qui ne mange pratiquement que des herbes sauvages dans son ermitage, c'est un festin. Au bout de quelques mois, il est entièrement remis, à la stupeur générale, et il retourne dans son ermitage où il se lance un autre défi.

Il s'astreint cette fois à un silence absolu et ne communique plus que par signes avec le moine qui, une fois par semaine, lui apporte un peu de nourriture. Pour Séraphin, le fruit de cette nouvelle ascèse est la paix. Cette fameuse « paix du Christ », dont l'Écriture dit qu'elle dépasse tout entendement : « Acquiers la paix intérieure et des milliers de gens autour de toi trouveront cette paix », qu'aucun hôpital psychiatrique ne peut donner. Elle lui aura été donnée, à lui.

Heureux les simples

Le 8 mai 1810, à l'âge de cinquante et un ans, Séraphin abandonne son ermitage, car il n'a plus la force de se rendre au monastère pour recevoir la communion. Il vit alors en reclus et ne quitte plus sa cellule, aussi pauvrement meublée que son ermitage, se contentant quotidiennement d'un peu de choucroute et de farine d'avoine séchée. Il ne montre plus son visage à quiconque, même au moine qui lui apporte quotidiennement sa pitance. Il reste ainsi reclus pendant seize ans. Puis la Vierge Marie lui apparaît à nouveau et l'autorise à se rendre dans son ermitage. Découvrant la lumière du jour, il s'en va seul dans la forêt.

La réputation du starets Séraphin ne cesse de grandir, dépassant largement la seule région de Sarov. Séraphin, partageant son temps entre le « petit désert lointain » et sa cellule monastique, cesse alors de s'appartenir. Les foules affluent. Il a soixante-six ans. Pendant les huit ans qui lui restent à vivre, il voit venir à lui des milliers de pèlerins de toutes origines, qu'ils soient empereurs ou vagabonds, laïques ou religieux, riches ou misérables. Il accueille ses fidèles en les appelant « ma joie » ou en proclamant : « Christ est ressuscité ! », phrase précieuse aux yeux des orthodoxes. Il lit dans leur âme à livre ouvert sans qu'il leur soit besoin d'exprimer les motifs de leur visite. « Je sais, je sais », dit-il. À chacun, il donne des conseils opportuns, beaucoup s'en trouvent guéris d'âme et de corps. On vient le voir, l'écouter, le toucher, de toutes les Russies, comme ce qui adviendra deux siècles plus tard en Italie pour le Padre Pio, dont le don de voyance sera similaire.

Au supérieur du monastère, Séraphin donnait ce conseil[1] : « Sois une mère pour les moines, plutôt qu'un père. [...] Chaque supérieur doit vivre non pour lui mais pour ses ouailles. Il doit être indulgent pour leurs faiblesses, supporter avec amour leurs infirmités, recouvrir les maux des pécheurs par des emplâtres de miséricorde ; relever avec douceur ceux qui tombent ; purifier tranquillement ceux qui se sont souillés par un vice quelconque en leur imposant une pénitence supplémentaire de prière et de jeûne, les habiller de vertu par l'enseignement et l'exemple ; s'en occuper constamment et sauvegarder leur paix intérieure de façon à ne jamais entendre de leur part ni cri ni plainte. Alors, de leur côté ils feront leur possible pour procurer au supérieur la tranquillité et la paix. »

De la mère aux enfants il n'y a qu'un pas. Séraphin a gardé son âme d'enfant. Lorsqu'il est épuisé, il retourne dans sa chère forêt. Un jour qu'un groupe s'est mis à sa recherche, Séraphin se cache dans de hautes herbes. Les enfants l'appellent et voici que la tête du vieillard émerge au-dessus de l'herbe. Séraphin serre ces trésors sur sa poitrine. Les enfants à leur retour racontent à leurs parents : « Le père Séraphin fait seulement semblant d'être vieux ; pour de vrai, il est enfant comme nous. » De fait son regard, d'un bleu profond, conservera toute sa vie sa pureté enfantine. Ainsi, pendant huit ans, Séraphin discerne les esprits, prédit l'avenir, entretient des relations télépathiques avec des ermites vivant au loin et répond aux lettres sans jamais les ouvrir. Il a aussi le

---

1. *Ibid.*, p. 63-64.

don de bilocation, ainsi que le don de guérison. Mais son humilité et sa modestie restent extrêmes.

Il meurt en odeur de sainteté dans la nuit du 2 janvier 1833. On l'entendit chanter les hymnes de Pâques dans sa cellule, bien que l'on soit proche de Noël, et ce furent ses dernières paroles. Il fut trouvé au petit matin, agenouillé devant une icône de la Vierge, comme en prière. Il était mort. Sa canonisation survint le 19 juillet 1903, soixante-dix ans après sa mort, en confirmation de la *vox populi* qui, depuis longtemps, le considérait comme saint. L'empereur Nicolas II assista à cet événement qui mobilisa à Sarov une foule immense.

* *
*

S'il avait vécu plus tard, Séraphin aurait eu sans doute le bonheur de commercer avec le pèlerin russe. Il s'agit d'un personnage légendaire dont l'histoire fut éditée à Kazan, vers 1870, puis à nouveau revue et rectifiée en 1881, et face à son succès, rééditée en 1884 [1]. Le récit de ce pèlerin imaginaire exprime admirablement la spiritualité de la Sainte Russie. Il se définit ainsi : « Par la grâce de Dieu, je suis homme et chrétien, par actions grand pécheur, par état pèlerin sans abri [...], toujours errant de lieu en lieu. Pour avoir, j'ai sur le dos du pain sec, dans ma blouse la Sainte Bible et c'est tout. »

À l'église, le pèlerin avait été frappé, à la lecture d'une épître de saint Paul, par une phrase qui le

---

1. *Récits d'un pèlerin russe*, Neuchâtel, La Baconnière, 1947, rééd. Paris, Seuil, coll. « Points. Sagesses », 1978.

toucha au cœur : « Il faut prier sans cesse [1]. » Mais comment faut-il s'y prendre pour prier sans cesse ? Notre malheureux pèlerin fit force tentatives qui toutes aboutissaient au même résultat : très vite en priant son esprit s'échappait et gambadait à volonté, distrayant ses pensées de la pensée de Dieu. Il entreprit alors de visiter les églises, mais sans trouver la clé. On parlait abondamment de la prière, mais jamais de la manière de s'y prendre pour « prier sans cesse » et sans distraction. Il ne trouva pas davantage dans la Bible la solution à son problème, et il entreprit de chercher un maître spirituel qui pourrait le guider en fonction de sa sagesse et de son expérience.

Les tentatives furent multiples ; toutes échouèrent ; ce qui lui était dit ne parvenait pas à le convaincre, et il priait toujours aussi mal. Il finit cependant par tomber sur un starets dont il put suivre l'enseignement pendant une saison, durant laquelle il l'avait embauché comme gardien d'un grand jardin. Il put donc voir ce starets à maintes reprises et celui-ci lui enseigna la manière de prier. Il suffisait de dire avec les lèvres une seule phrase : « Seigneur Jésus-Christ, aie pitié de moi ! » et de la répéter indéfiniment. Ce qu'il fit avec beaucoup de mal au début, puis avec un certain succès au fur et à mesure que son starets multipliait le nombre des invocations à prononcer chaque jour. Le starets était bon mais exigeant ; il préconisa d'abord trois mille invocations par jour puis six mille, puis douze mille. Ce n'était plus le pèlerin qui s'emparait de la prière mais la prière qui s'emparait du pèlerin. Le résultat fut la naissance

---

1. Thessaloniciens 5,17.

dans son cœur d'une joie inconcevable. Cet été avait porté ses fruits.

Redonnons-lui la parole : « Voilà comment je vais maintenant disant sans cesse la parole de Jésus qui m'est plus chère et plus douce que tout au monde. Parfois, je fais plus de soixante-dix verstes [1] en un jour et je ne sens pas que je vais. Je sens seulement que je fais la prière. Quand un froid violent me saisit, je récite la prière avec plus d'attention et bientôt je suis tout réchauffé […]. Si la faim devient trop forte, j'invoque plus souvent le nom de Jésus-Christ et je ne me rappelle plus avoir eu faim […]. Si je me sens malade et que mon dos ou mes jambes me fassent mal, je me concentre dans la prière et je ne sens plus la douleur […]. Lorsque quelqu'un m'offense je ne pense qu'à la bienfaisante prière de Jésus […] aussitôt la colère ou la peine disparaissent et j'oublie tout. […] Je suis devenu un peu bizarre […] je n'ai souci de rien […] rien ne m'occupe […] rien de ce qui est extérieur ne me retient […] je voudrais être toujours dans la solitude. […] Par habitude, je n'ai qu'un seul besoin […] réciter sans cesse la prière […] et quand je le fais, je deviens tout gai ! Dieu sait ce qui se fait en moi [2] ! »

Voilà donc notre pèlerin installé dans la joie et toujours en route pour de nouvelles rencontres, incapable de s'employer à travailler, car il avait perdu l'usage de son bras gauche dans la petite enfance. Il ne pouvait que marcher. Il se mit donc en route vers

---

1. Une verste est approximativement égale à un kilomètre.
2. *Récits d'un pèlerin russe, op. cit.*, p. 39-40.

Irkoutsk, au fin fond des forêts de Sibérie, non loin du lac Baïkal.

C'est en chemin que, petit à petit, cette prière devint spirituelle, chaque invocation de la prière correspondait aux battements de son cœur, d'où le nom de « prière du cœur » qu'on lui donne ou encore « prière de Jésus », puisque c'est son nom qu'on invoque. Cheminant sans relâche sur la route immense de la Sibérie, notre pèlerin ressent une parfaite béatitude. Lui qui en esprit avait quitté ce monde dut constater toutefois que ce monde se rappelait à lui. S'ensuit toute une collection de récits nourris par ses rencontres avec des brigands, des soldats, des officiers, des marchands, des prêtres, des forestiers et d'autres vagabonds comme lui. Et après avoir parcouru la Russie d'ouest en est et d'est en ouest, il se fixa pour objectif la Sainte Ville de Jérusalem. On le retrouve sur ce trajet dans un deuxième ouvrage contenant trois récits complémentaires [1], mais de moindre saveur.

Autour du pèlerin se profilent l'immensité de la Sainte Russie, la vie simple de ses paysans et de ses villageois, des monastères et des starets, et la belle diversité des sensibilités et des propos des interlocuteurs rencontrés tout au long de la route.

À un ingrat qui avait abandonné la pratique de la prière avec pour excuse qu'elle ne lui procurait aucun résultat, un saint ermite dit : « Souviens-toi aveugle et ingrat que tu es, combien de fois cette prière t'a aidé et sauvé du désastre ; souviens-toi que dans ta jeunesse, tu fus miraculeusement sauvé d'une

---

1. *Le Pèlerin russe. Trois récits inédits*, publié par l'abbaye de Bellefontaine, Paris, Seuil, coll. « Points. Sagesses », 1979.

noyade ; ne te rappelles-tu pas qu'une épidémie emporta beaucoup de tes amis, alors que tu conservas la santé ; te souviens-tu que conduisant un ami, vous êtes tombés de la carriole, il se cassa la jambe, mais tu restas sauf ; ne sais-tu pas qu'un jeune homme de ta connaissance était bien portant et fort et maintenant il est faible et malade, tandis que tu es en bonne santé et sans maux ? » Et pour finir, il ajouta : « Sache donc que toutes ces peines te furent épargnées par la protection de la prière qui chaque jour unissait ton cœur à Dieu. Prends garde maintenant, reprends-la, et n'abandonne pas la louange de la reine des cieux de peur qu'elle ne te délaisse. »[1]

Dans un autre dialogue, un homme se plaint, car en priant il ressent tantôt un grand bonheur, comme une légèreté de l'âme, une sorte de plénitude, tantôt une lourdeur triste, un affaiblissement spirituel, une sécheresse. « Ne soyez pas affligé ! lui dit le starets, tout plaît à Dieu et sert à notre salut, tout, sans exception, de ce qui survient pendant la prière, que ce soit la légèreté du cœur ou la lourdeur ; tout cela est bien ! Légèreté, chaleur et joie montrent que Dieu nous récompense et nous console de l'effort, tandis que lourdeur, obscurité et sécheresse signifient que Dieu purifie et fortifie l'âme et par cette épreuve salutaire la sauve, la préparant dans l'humilité aux joies à venir[2]. »

Morceau de bravoure entre tous, voici ce que dit un confesseur à son pénitent et que rapporte le pèlerin, un texte époustouflant de réalisme et d'exigence spirituelle : « Tu es venu te repentir et tu ne te repens

---
1. *Ibid.*, p. 24-25.
2. *Ibid.*, p. 29.

pas de ne pas savoir te repentir. Ta pénitence est négligente. Tu t'es étendu sur des détails mais tu as oublié l'essentiel. Tu n'as pas exposé les péchés les plus graves de tous ; tu n'as pas avoué et inscrit que tu n'aimes pas Dieu, que tu hais ton prochain, que tu ne crois pas au Verbe de Dieu et que tu es tout orgueil et ambition. Le mal s'enracine dans ces quatre péchés où réside toute notre dépravation spirituelle. Ils sont les racines maîtresses d'où jaillissent les rejetons auxquels nous succombons. »

Devant la perplexité du pénitent, son confesseur lui donne à lire un texte exprimant en quelque sorte ce qui serait une confession parfaite, relativement à ces quatre péchés : « Je n'aime pas Dieu […]. Je n'aime pas mon prochain […]. Je n'ai aucune foi religieuse ni dans l'immortalité ni dans l'Évangile […]. Je suis tout orgueil et égoïste des sens… » Naturellement le pénitent, se reconnaissant de façon troublante dans ces propos, en reste ébahi. Pourtant, ils ne font que décrire avec pertinence ce que nous sommes les uns et les autres. La mystique orthodoxe met la barre très haut et l'on comprend mieux alors le « Prends pitié de moi » de la prière de Jésus, puisque au demeurant nous sommes en réalité pitoyables. Et pourtant incroyablement joyeux lorsque nous sommes saisis par le suprême bonheur de ressentir l'amour, la paix et la joie dont la Providence enveloppe notre cœur sensible, quand il lui plaît de mettre un terme à notre sécheresse et à nos lourdeurs.

Il émane de ces récits un parfum de douce spiritualité autour de la prière du cœur, homologue de notre rosaire occidental fait de la répétition *ad infinitum* des mêmes mots. Ainsi répétés, murmurés ou pensés, calés dans l'inspire et dans l'expire, ces mots installent le calme et la paix mettant en fuite les turbulences et l'agitation de nos pensées. La prière du cœur s'inscrit dans une pratique commune à toutes les spiritualités d'Orient et d'Occident, où la récitation permanente d'un mantra apporte la paix. *Les Récits d'un pèlerin russe* nous tirent loin de l'agitation de la société dans laquelle nous sommes condamnés à vivre.

J'ai profondément aimé ce pèlerin. Accablé de sévères épreuves, voilà plus de trente ans, je m'exerçais à la prière du cœur. Aujourd'hui encore, elle s'invite subrepticement en moi et m'habite. Je la respire doucement, parfois en pensant à autre chose, comme un mantra.

Mais revenons au pays de Descartes, à notre latinité et à notre laïcité, au terme de cette excursion vers des terres vierges ou non de l'immense Russie. En s'évadant des querelles théologiques qui rendent si difficiles les progrès de l'œcuménisme, on ne peut que rejoindre l'intuition si féconde de l'orthodoxie, incapable de concevoir un théologien qui ne soit pas un mystique intimement uni à Dieu. La latinité occidentale est plus sèche, plus intellectuelle. Il lui manque cette naïveté enfantine, celle du starets Séraphin qui se cache dans l'herbe pour ne point être dérangé dans ses prières et qui sort néanmoins sa tête quand des voix d'enfants l'appellent. Ce qu'il nous montre, à l'instar de l'orthodoxie dans les splendeurs de sa liturgie, et ce que nous donne aussi à entendre la musique russe, et à voir les icônes, c'est la beauté.

Jean-Baptiste de la Salle et Jean Bosco

Il est difficile de dissocier l'œuvre pédagogique de Don Bosco de celle de son prédécesseur Jean-Baptiste de La Salle. Ce dernier, rémois né en 1651, introduisit de nouveaux concepts en matière de pédagogie. Soucieux d'assurer aux élèves ce qu'on appellerait aujourd'hui un enseignement de qualité, il créa une société de laïcs, les frères des Écoles chrétiennes entièrement voués à l'éducation de la jeunesse et formés dans des séminaires « pour les maîtres de la campagne » ; ces institutions annonçaient les écoles normales qui verraient le jour plus tard. Jean-Baptiste de La Salle misait, comme le ferait à son tour plus tard Don Bosco, sur la qualité et le charisme des maîtres dont la préparation morale, intellectuelle et culturelle était à ses yeux une incontournable priorité.

Il a réussi – à une époque où l'enseignement n'était généralement prodigué qu'à un ou deux élèves par un précepteur – à instituer l'éducation par niveau, rassemblant plusieurs élèves au sein d'une même classe. Il préconisait l'apprentissage de la lecture dans la langue maternelle et non plus en latin, contrairement à l'usage de son temps. Il tenait beaucoup à ce que l'enseignement primaire fût gratuit, anticipant de quelques siècles l'école de Jules Ferry. Enfin, les jeunes travailleurs n'étaient point oubliés, puisqu'il leur dédia des écoles du soir et du dimanche. Après sa mort à Rouen, en 1719, les méthodes et les écoles de Jean-Baptiste de La Salle se multiplièrent et cette institution, présente aujourd'hui dans de nombreux pays, comporte des écoles allant du primaire à l'université et aux grandes écoles d'ingénieurs. Les instituts Jean-Baptiste de La Salle sont présents dans le monde entier et nombreux sont les gouvernements qui s'appuient sur eux dans leur politique éducative. À une époque où l'on s'inquiète du déclassement de notre école républicaine dans les études internationales, il convient de se souvenir que les écoles Jean-Baptiste de La Salle portent jusqu'aux confins du monde le nom d'un grand pédagogue et d'un grand saint français.

Jean-Baptiste de La Salle eut de son vivant les pires difficultés à faire admettre ses innovations pédagogiques. Issu d'une famille patricienne, chanoine à seize ans, il renonça à une brillante carrière ecclésiastique pour sortir les enfants pauvres de l'ignorance où ils étaient tenus. Héroïque et modeste, son œuvre perdure étonnamment dans la modernité.

* * *

L'exceptionnel charisme de Jean-Baptiste de La Salle fut relayé, deux siècles plus tard, par celui de Jean Bosco, autre grande pointure en matière d'éducation, inspirateur d'établissements scolaires présents un peu partout dans le monde.

Jean Bosco naquit en 1815 dans le hameau des Becchi, proche de Turin. Ses parents étaient de pauvres paysans, et après le décès précoce de son père, sa mère prit en mains les affaires de la ferme familiale. Très tôt, le petit Jean se distingua par une intelligence exceptionnelle et une dextérité manuelle étonnante. Il pouvait réciter au mot à mot le sermon du dimanche et parvint tout jeune encore à reproduire les tours d'un saltimbanque qui se produisait le dimanche matin à la porte de l'église, détournant les paroissiens de leur devoir dominical. Observateur perspicace, il découragea le saltimbanque qui déguerpit promptement.

Sa mémoire était prodigieuse, comme l'atteste cette anecdote de jeunesse. Jean faisait ses premières classes de latin. N'ayant pas pu encore, en ce début d'année scolaire, acquérir les manuels nécessaires, il se bornait à écouter la leçon du professeur. Celui-ci l'invita à lire un passage du manuel qu'il ne possédait pas, puis à le traduire. Jean avait déjà entendu ce passage et l'avait retenu par cœur. Sans se troubler, il ouvre devant lui un manuel quelconque et, faisant semblant de le lire, le traduisit pour le plus grand amusement de ses condisciples.

Jean manifesta très tôt son désir de s'engager dans le sacerdoce. Il entra au séminaire de Turin et fut ordonné le 5 juin 1841 à l'âge de vingt-six ans. C'est ainsi que le fils de paysan devint don Bosco. Chez ce personnage hors du commun, le zèle était proportionnel au talent. Don Bosco n'entendait pas se limiter à être aumônier dans un établissement de jeunes filles de la ville. Il rêvait de créer une imprimerie, d'entreprendre des missions lointaines, de s'occuper de jeunes vagabonds. On s'étonne de sa dispersion, mais son confesseur le défendait face aux critiques et aux railleries avec un maître mot : « Laissez-le faire, car Don Bosco est un mystère. »

Ardent à l'exercice de la charité, le jeune prêtre fut bouleversé, en visitant les prisons de Turin, de constater que parmi les détenus se trouvaient un bon nombre de jeunes gens, voire d'enfants. Cette dépravation précoce le frappa d'épouvante et de pitié. Dès leur âge le plus tendre, ces malheureux enfants avaient été livrés à eux-mêmes, n'ayant d'autres exemples que le vice et la délinquance. Don Bosco comprit vite que leur séjour en prison ne pouvait que les corrompre davantage. Ce constat fit naître ce qui allait devenir sa vocation. Il allait se consacrer à cette jeunesse pauvre et abandonnée en lui offrant ce qu'il avait de plus cher, la joie de connaître et d'aimer Dieu.

La Providence confirma cette vocation naissante : un jour où, à la sacristie, il revêtait les ornements sacerdotaux pour célébrer la messe, un adolescent de seize ans, orphelin de père et de mère, qui traînait à l'abandon dans les rues, entra par hasard dans la sacristie. Le sacristain l'embaucha sur-le-champ pour servir la messe, ce que le malheureux était bien incapable de faire. Du coup, le trop vif sacristain le gratifia de quelques bonnes paires de claques. Don Bosco s'interposa et après l'office engagea la conversation avec ce jeune Barthélémy, découvrant qu'il ne savait rien de la religion chrétienne. Il lui apprit à faire le signe de croix. Puis il invita le jeune homme à revenir avec quelques-uns de ses camarades. Très vite, une tendre affection naquit envers ces pauvres, souvent apprentis maçons. Don Bosco se refusait de les sermonner, de les rudoyer ou de les talocher comme il était d'usage à l'époque, non encore convertie au « jeunisme » actuel.

Un an plus tard, le prêtre se trouvait en charge d'une centaine d'enfants et de jeunes gens, auxquels il enseignait les rudiments du savoir et de la religion. Tous ensemble ils conversaient, ils chantaient, ils priaient dans la joie et l'allégresse à l'instar de ce que faisait, trois siècles plus tôt à Rome, saint Philippe Néri. Mais il fallait trouver pour tout ce petit monde un lieu d'accueil et de réunion, ainsi que quelques subsides. Son directeur spirituel, l'abbé Cafasso, lui conseilla de s'occuper d'un refuge créé par la marquise Balloro pour accueillir des jeunes filles. Don Bosco trouva en la personne de son responsable un soutien précieux. Le refuge devint le lieu de réunion des enfants qui désormais étaient plus de deux cents.

Soutenue par l'archevêque de Turin, la marquise Balloro mit à sa disposition sa chapelle où, le 8 décembre 1844, jour de l'Immaculée Conception, Don Bosco célébra pour la première fois la messe entouré de tous ses enfants. Il mit cet oratoire sous la protection de saint François de Sales, donnant ainsi naissance, sans en être bien conscient, à l'ordre qui allait devenir le sien, celui des Salésiens. Mais la marquise Balloro réclama soudain, pour des raisons obscures, le local qu'elle avait prêté. Avec l'aide de l'archevêque, la municipalité ouvrit à Don Bosco l'accès de l'église Saint-Martin abandonnée depuis longtemps.

Les enfants étaient désormais trois cents et prenaient naturellement leurs ébats sur la place de l'église. Des riverains portèrent plainte devant la municipalité et on invita la petite troupe à déguerpir au plus vite. Revenant à de meilleurs sentiments, la municipalité décida d'accorder à l'œuvre de Don Bosco l'église Saint-Pierre, à laquelle était attenante une placette favorable à la récréation des enfants. Ce fut cette fois le curé de la paroisse qui se déclara importuné dans sa tranquillité et obtint le retrait de la permission accordée. On alla donc s'installer momentanément à la campagne, où la messe était dite en plein air et où l'on se réunissait chaque dimanche.

Mais l'hiver menaçait. Don Bosco, encouragé par quelques généreux donateurs, loua trois chambres dans la maison d'un particulier. Le chef de la police municipale de Turin vit dans ces inoffensives réunions un but politique de nature à mettre en danger la sécurité publique. Il bénéficia du soutien du clergé de la ville, inquiet de voir grandir une œuvre qu'il percevait comme concurrente et qui ne manquait pas de désertifier ses églises. À peine ces difficultés surmontées, les autres locataires de la maison où se tenaient les réunions se plaignirent à leur tour du bruit que faisaient les enfants. Le propriétaire inclina en ce sens et donna congé à ses bruyants locataires. Une fois de plus, l'œuvre était sur le pavé. Don Bosco ne se tint pas pour battu et loua un pré. Désormais la maison serait la voûte étoilée. Les enfants s'y donnaient rendez-vous le dimanche de bonne heure, et se confessaient auprès de Don Bosco qu'ils appelaient leur père. Celui-ci passait son bras autour du cou de ses petits pénitents agenouillés et les tenait appuyés sur son cœur. L'aveu des fautes était facilité par cette manifestation d'affection qui, dans la mentalité d'aujourd'hui, serait considérée comme une initiative éminemment suspecte.

Le propriétaire du pré prétendit que le piétinement des enfants détruisait l'herbe jusqu'aux racines et enlevait toute valeur à ce bien foncier. Il signifia à Don Bosco son renvoi. Simultanément, Don Bosco perdit sa position de directeur de l'institution de la marquise Balloro et les émoluments qui en découlaient et qui représentaient son unique ressource. Il ne s'en tint pas pour battu. « La divine Providence m'a envoyé ces enfants et je n'en repousserai jamais un seul, croyez-le bien ! » répondit-il à ses amis qui l'invitaient à réduire sa petite troupe à une vingtaine d'enfants seulement. « J'ai l'invincible certitude qu'elle me fournira tout ce qui leur est nécessaire et puisque l'on ne veut pas me louer un local, j'en bâtirai un, nous aurons de vastes bâtiments capables de recevoir autant d'enfants qu'il en viendra. Ils auront des ateliers de tout genre pour qu'ils apprennent un métier selon leur goût, des cours et des jardins pour les récréations, et enfin nous aurons une belle église et des prêtres nombreux qui instruiront les enfants et prendront un soin spécial de ceux chez lesquels se manifestera la vocation religieuse [1]. » Naturellement, lui qui n'avait plus rien fut ridiculisé et traité avec dérision.

Vint donc le jour fatidique où l'on ne sut pas où se réunir le dimanche suivant. Les enfants virent alors notre saint se prosterner à terre et s'écrier : « Mon Dieu, que votre sainte volonté soit faite. Abandonneriez-vous ces orphelins ? Inspirez-nous ce

---

1. Charles d'Espiney, *Vie de Don Bosco*. http://livres mystiques.com/partietextes/DonBosco/table.htm.

que je dois faire pour leur trouver un asile ! » Sa prière à peine achevée, survint un interlocuteur qui proposa à Don Bosco un laboratoire ; « Pas un laboratoire, mais un oratoire », répondit le prêtre ; « J'ai ce qu'il vous faut, renchérit l'interlocuteur, un superbe hangar à louer. » Don Bosco s'empressa de suivre son bienfaiteur et de se rendre sur les lieux. En fait de hangar, il s'agissait d'un local misérable laissé à l'abandon, où le toit était si peu élevé qu'on ne pouvait s'y tenir debout sans baisser la tête.

Mais le loueur avait son idée : il proposa de creuser le sol et d'y mettre un plancher ; et de le faire sur-le-champ afin d'y recevoir la petite troupe d'enfants le dimanche suivant. Devenu prudent, Don Bosco demanda un bail, qu'il obtint. Désormais, il ne quitterait plus ce hangar, et sur cet emplacement fut construit plus tard le centre Saint-François-de-Sales, tel qu'il existe toujours aujourd'hui. Le dimanche suivant était le jour de Pâques 1846. Le hangar s'était transformé en chapelle, et le terrain ne manquait pas autour pour la récréation des enfants. Il y avait désormais sept cents enfants à accueillir. Don Bosco étendit alors son activité en créant des cours du soir pendant la semaine. Encore fallait-il trouver des enseignants. Notre saint choisit, dans son vaste panel, les jeunes gens les plus mûrs et les plus doués. Ils reçurent une formation appropriée et, sous le nom d'étudiants, devinrent les professeurs des autres. Ces étudiants s'avérèrent d'excellents professeurs et beaucoup d'entre eux se destinèrent à la prêtrise.

Don Bosco ne ménageait ni sa peine, ni ses efforts, frisant l'épuisement complet de ses forces. Il tomba malade, comme il advient pour tous les saints. Les enfants, qui l'aimaient comme leur père, prièrent tant et si bien que, après trois mois de convalescence dans son hameau d'origine, il revint parmi eux. Don Bosco était infatigable : non content d'avoir fondé, le 26 janvier 1854, la société de Saint-François, les Salésiens chargés de l'éducation des enfants pauvres, il fonda en 1872 l'institut des Filles de Marie-Auxiliatrice ou Salésiennes ; puis en 1876, une sorte de tiers ordre, la Pieuse Union des coopérateurs salésiens. À la fin de sa vie, l'œuvre avait pris un essor extraordinaire. Elle s'étendait non seulement à toute l'Europe mais dans le monde entier. Le secret de cette prodigieuse réussite : avoir compris que la prévention vaut souvent mieux que la répression. Pourtant, Jean Bosco a peu écrit à ce sujet, hormis un traité sur la méthode préventive en éducation, publié en 1876. Le fruit de cette stratégie pédagogique, c'était une joie, une allégresse partagée avec la vaste cohorte de ses enfants, de ses étudiants et de tous ceux qui rejoignaient les sociétés salésiennes.

Il reste aujourd'hui de son œuvre que l'éducation ne saurait se limiter à une sèche transmission de savoirs. Elle exige un minimum de complicité affective, que Bosco portait à son maximum. Son charisme personnel lui permettait de recevoir les secrets et de percevoir les besoins des jeunes qui lui accordaient leur confiance sans réserve. Ceux qu'il confessait étaient confondus par sa profonde connaissance de leurs sentiments les plus intimes. Il parlait peu de ses rêves et de ses visions, mais son action en était nourrie. Son amour pour ses enfants était communicatif et se transmettait à ses collègues salésiens, prêtres et professeurs.

Heureux les simples

    Un ami de Don Bosco, le père Ballesio, évoque ses souvenirs : « Combien de fois je me rappelle Don Bosco doux et souriant au milieu de ses fils, sous les portiques ou dans la cour, assis à terre, avec sept à huit cercles d'enfants tout autour de lui, comme des fleurs tournées vers le soleil, pour le voir et l'entendre.

    « Entrez, un peu après le repas, dans le réfectoire. Don Bosco, retenu par un continuel travail, vous y rejoint presque toujours tardivement, et seul, après les autres, le saint homme prend un peu de nourriture. Est-ce quelque chose de préparé pour lui, et qu'on lui aura réservé ? C'est la nourriture des siens qui, en surplus, sera peut-être réchauffée. Mais, ciel ! Quel est ce tapage ? Le réfectoire est plein d'enfants ; l'un joue, l'autre chante, l'autre crie. Celui-ci est droit sur ses pieds, celui-là est sur les bancs, cet autre sur les tables. Autour de Don Bosco est un amoncellement de têtes, à droite, à gauche, sur la table, en face de lui. Et, au milieu de ce bruit assourdissant, dans cet air échauffé, Don Bosco jouit de ses fils : à l'un une parole, à celui-ci une caresse, à cet autre un regard, un sourire ; tous sont joyeux, et lui plus joyeux encore. Même en mangeant, Don Bosco remplit sa mission sanctificatrice ; être avec les enfants est, chez lui, une sainte et irrésistible passion ; et je ne le vis jamais montrer d'ennui ou de trouble, sinon lorsque quelque visite, *non nécessaire*, venait lui dérober la douceur de ces familiers entretiens.

    « Après qu'il avait passé la journée avec nous, terminé l'école du soir, celle de chant et de musique pour les uns, de grammaire et d'arithmétique pour les autres, à l'appel de la cloche nous nous assemblions pour la prière. Cher et sublime moment ! Mon cœur tressaille de la plus douce joie rien qu'à ce souvenir ! On entonne un cantique, et trois cents enfants forment un chœur imposant qui s'entend au loin. On prie tous ensemble et à haute voix, Don Bosco agenouillé au milieu de nous sur le pavé de pierre. Combien il était beau et saintement illuminé, Don Bosco, en ces instants ! La prière finie, il montait sur la petite tribune, et, à le voir apparaître ainsi avec un visage paternellement amoureux et riant tourné vers nous, on entendait de toute cette grande famille partir un souffle, une voix, un doux murmure, un long soupir de satisfaction et de contentement. Puis un religieux silence, et les yeux de tous fixés sur lui. Alors, il donnait les ordres pour le lendemain, suggérait quelques avis utiles, et puis, comme un père à ses fils, il souhaitait la bonne nuit, souhait qui lui était rendu par un général, ardent et tendre salut de respect et d'amour [1]. »

La grande sainteté, la haute sainteté se niche parfois dans les détails. Écrasé par ses multiples tâches et responsabilités, Don Bosco recevait d'innombrables visiteurs auxquels il savait porter toute son attention, même lorsque ceux-ci se perdaient dans d'inutiles bavardages. Il avoua un jour que ce devoir de patience lui était particulièrement pénible, mais qu'il s'y adonnait néanmoins avec joie pour complaire à ceux qu'il recevait. Tous ceux qui exercent une vie publique ou une responsabilité publique, voire politique, savent combien ce type d'entretiens leur en coûte. Don Bosco était passé maître en la matière.

---

1. *Ibid.*

Il mourut le 31 janvier 1888, à son oratoire de Turin qu'il avait tant aimé, au milieu de ses prêtres et des enfants. La ville de Turin fut envahie pour les obsèques ; vingt mille personnes composaient le cortège et cent mille assistants se tenaient au bord de la route faisant la haie.

Le professeur que je suis retiendra de l'exemple de Don Bosco, qu'il n'est de bon éducateur et de bon pédagogue que celui qui aime profondément ses élèves et leur accorde sa priorité dans toutes ses préoccupations. Or, aujourd'hui, dans les universités, la priorité va à la recherche, qui seule est prise en compte pour l'évolution des carrières universitaires. Il en résulte souvent que la fonction spécifiquement enseignante est reléguée à la deuxième place, ce qui n'est pas sans expliquer les échecs massifs en première année de faculté. Pour les enfants plus jeunes, écoliers et élèves, une stricte neutralité de l'enseignant s'est imposée. Malheur au maître qui effleurerait d'un geste amical instinctif les chères petites têtes blondes ! La suspicion de pédophilie planerait aussitôt sur lui, comme elle plane sur l'ensemble de la communauté éducative, et refroidit les relations du maître et de l'élève.

Dans une société où le culte du *Moi* domine, les valeurs de dévouement, d'enthousiasme, de générosité et de bonté, indissociables de la tâche d'un professeur, n'ont depuis longtemps plus cours ; ou plus exactement, ne sont guère prises en compte et portées au crédit des enseignants. Que l'on est loin du modèle socratique, des échanges sur l'agora et de ce respect de l'élève pour le maître, base de toute entreprise pédagogique réussie !

Jean-Baptiste de la Salle et Jean Bosco

Et que penser d'une société qui ravale le monde de l'enseignement tout en bas de la hiérarchie sociale, loin derrière les « managers », les « décideurs », et plus généralement ceux qui manipulent l'argent et paradent avec leurs millions ou leurs milliards. Une honte pour notre temps.

Maximilien Kolbe,
ou le sacrifice de soi

Maximilien Kolbe, le plus catholique des catholiques polonais, naquit le 27 décembre 1893, dans une Pologne qui n'existait plus, partagée qu'elle était entre la Russie, l'Autriche et la Prusse. Catholique, sa famille l'était au-delà de tout. Après que les trois garçons eurent tous abouti chez les Franciscains, le père et la mère ainsi déchargés de leur mission d'éducateurs suivirent le même chemin. Ils se retirèrent à leur tour en « franciscanité » après avoir passé un accord mutuel d'entrer l'un et l'autre en religion. Mais saint François était mort depuis sept siècles et on ne devine guère dans l'itinéraire de Maximilien Kolbe cet amour éperdu de la nature qui fut celui du père fondateur de l'ordre franciscain. La vraie passion de Maximilien, en bon Polonais qu'il était, c'était la Vierge Marie.

Comme il se doit pour tout jeune catholique de cette époque, le jeune Maximilien connut une crise de scrupules, épouvanté à l'idée de faire le moindre péché qui ne manquerait pas de le précipiter en enfer. Bien des catholiques se reconnaîtront dans ce trait. Mais il sortit victorieusement de cette épreuve comme de toutes celles qu'il allait affronter dans sa trop courte existence. Le jeune Kolbe, qui avant de s'appeler Maximilien en religion, portait son prénom de naissance, Raymond, éperdu de piété, connut à l'âge de dix ans un événement mystique qui devait marquer sa vie. Sa maman remarqua que l'enfant intrépide priait de plus en plus. Manifestement doué du don des larmes, il avoua à sa mère avoir vu à l'église la Sainte-Vierge tenant en ses mains deux couronnes, une blanche et une rouge. « Elle me regarda avec tendresse et me demanda si je voulais ces deux couronnes ; la blanche signifiait la persévérance dans la pureté et la rouge le martyr. Je répondis que je les acceptais toutes les deux. »

Le martyr peut s'obtenir sur les champs de bataille, et le goût de Kolbe pour les actes héroïques l'amena à désirer la carrière militaire. C'est sa mère qui mit fin à cet enthousiasme martial. Il s'engagea alors résolument dans la vie religieuse, entra au couvent et fut désigné pour suivre une formation de haut niveau à Rome en vue d'y obtenir ses diplômes de philosophie et de théologie. Il aurait pu tout aussi bien briguer des diplômes de technologie, tant ses aptitudes en mathématiques et en physique s'étaient révélées précoces et jouèrent plus tard un rôle essentiel dans sa vie professionnelle. Sans doute eût-il été aujourd'hui un fervent des « nouvelles technologies ».

La spiritualité de Maximilien était totalement centrée sur la Vierge Marie, l'Immaculée, à qui il se donna sans retour. Un protestant ne manquerait pas de voir dans le parcours spirituel de Maximilien un excès de mariologie, pour ne pas dire de « mariolâtrie ». De fait, il parlait davantage de l'Immaculée que du Seigneur, faisant de la médiation du mystère de Marie l'axe de sa spiritualité. En cela, il eût rejoint Jean-Paul II, très attaché, on s'en souvient, au culte de la Vierge. Ses professeurs à Rome ne s'y trompèrent point, et l'un d'eux consigna dans ses appréciations sur son disciple qu'il était « un jeune saint ».

La célébration du quatrième centenaire de la Réforme protestante de 1517 stimula à ce point sa dévotion pour l'Immaculée, qu'il décida aussitôt de créer une institution qu'il baptisa « milice de l'Immaculée ». Il confia à ses proches : « L'Immaculée victorieuse et triomphatrice de toutes les hérésies ne cédera pas la place à l'ennemi qui relève la tête si elle trouve des serviteurs fidèles, dociles à son commandement. Elle remportera de nouvelles victoires plus grandes que tout ce que l'on peut imaginer. » Les apparitions de Fatima qui survinrent cette même année portèrent son zèle marial à son paroxysme, et il recruta bientôt les six premiers candidats à la nouvelle « chevalerie » qu'il venait de créer. On notera les termes quasi militaires employés par le jeune homme : milice, chevalerie, victoire, commandement. Il manque encore, à cette panoplie de termes guerriers que je déteste, celui de légionnaire. Mais il devait venir plus tard sous la forme des « Légionnaires du Christ », malencontreusement protégés par Jean-Paul II qui ignorait tout de la vie scandaleuse de leur fondateur.

L'Église, qui canonise ses enfants après constat de l'héroïsme de leur vertu, trouvait donc en la personne de Maximilien Kolbe un personnage héroïque et chevaleresque à souhait. Bien que d'une grande humilité, Kolbe était un battant comme durent s'en rendre compte bien de ses confrères, si on lit entre les lignes ses biographies, notamment celle d'André

Frossard[1]. Ils eurent souvent du mal à suivre le rythme endiablé de ses initiatives toujours couronnées de succès.

Dès lors que le cap marial était fixé, Maximilien fonça, chargea comme il advient dans les batailles où la victoire revient à ceux dont le moral est le plus solide et la force de frappe la plus puissante. Maximilien était un « communicant » avant la lettre. Sa force de frappe, ce fut son journal qu'il lança en janvier 1922, sous l'intitulé *Le Chevalier de l'Immaculée*. Les lecteurs affluèrent et Maximilien se trouva entouré d'une nuée de novices avec lesquels il fonda un nouveau monastère qui était aussi une imprimerie ultramoderne, la Cité de l'Immaculée. Il s'avéra alors un véritable génie de l'organisation, aussi bien en ce qui concernait la haute technicité du responsable de presse que la vie communautaire, vécue dans la stricte observance des constitutions franciscaines.

Le nouveau monastère était une succession de cabanes en planches, voilà pour l'esprit de pauvreté. On ajouta sans cesse de nouvelles cabanes, voilà pour l'esprit d'entreprise et d'organisation. La Cité de l'Immaculée devint une ruche bourdonnante avec ses périodiques, sa station radio, et sa communauté qui compta jusqu'à sept cents moines avant la Seconde Guerre mondiale. Trente-trois rotatives ultramodernes tournaient à plein régime. *Le Chevalier de l'Immaculée* tirait à 780 000 exemplaires, *Le Petit Chevalier* à 180 000, le quotidien *Le Petit Journal* à 130 000, auxquels s'ajoutaient huit autres titres. Pourtant Maximilien était malade. La tuberculose

---

1. André Frossard, « *N'oubliez pas l'amour* ». *La passion de Maximilien Kolbe*, Paris, Robert Laffont, 1987.

s'était manifestée dès sa jeunesse et le contraignit à plusieurs séjours en sanatorium. Il confia alors à son frère Joseph, franciscain comme lui, la direction des affaires sur lesquelles il garda néanmoins un œil vigilant.

Lors de son procès en canonisation, l'avocat du diable [1] déclara qu'il ne s'était pas suffisamment mortifié. On connaît le goût immodéré des mortifications et du dolorisme qui sévirent particulièrement au cours des derniers siècles au sein de l'Église catholique. Ledit avocat regretta même qu'il ne se fût pas administré la discipline, c'est-à-dire des coups de fouet dans le dos. Très éprouvé par sa maladie, Maximilien eut l'immense sagesse de se libérer de ces contraintes, estimant peut-être, comme je le pense moi-même, que la vie se charge de nous soumettre à tant d'épreuves qu'il n'est pas expressément nécessaire de s'en affliger d'autres. L'avocat du diable dut ainsi faire machine arrière, tant les témoignages en faveur de la réelle sainteté de Maximilien affluèrent.

Vers le milieu des années 1930, le monstre nazi commença à faire entendre des bruits de bottes. Maximilien sentit la menace se préciser. Quelle ligne éditoriale adopter pour le quotidien *Le Petit Journal*, entièrement consacré, comme toutes les publications de la Cité de l'Immaculée, au culte de la Vierge Marie ? Maximilien donna à ses collaborateurs ses

---

1. Lors d'un procès en canonisation, l'« avocat du diable » (autrement appelé « le promoteur de la foi ») doit argumenter contre la canonisation de l'intéressé.

instructions[1] : « Combattre le mal selon l'esprit de la milice mariale, c'est le combattre avec amour pour tous les hommes y compris les moins bons. C'est mettre le bien en relief de manière à le rendre attirant, plutôt que de propager le mal en le décrivant. Quand se présente l'occasion de réclamer l'attention de la société ou de l'autorité sur quelque mal, il faut le faire avec amour pour la personne en cause et avec délicatesse. Ne pas exagérer, ne pas entrer dans les détails du mal plus qu'il n'est nécessaire. » Ici, point de *scoop*, de *buzz*, de *people*, de petites phrases assassines, rien de ce qui fait l'agitation de notre société hypermédiatisée. Maximilien ne travaillait que sur le fond. Son propos : rendre les hommes meilleurs, ce qui n'est pas, on en conviendra, la première préoccupation de nos sociétés sécularisées, de nos politiques ou de nos médias.

L'Évangile tourne autour de la vie des personnes qu'il met en scène et ignore les événements politiques. Jésus ne prononce pas le nom de l'empereur Tibère. De même Kolbe évita celui d'Adolf Hitler. Quand on connaît le goût de la presse pour le sensationnel qui écorche ou égratigne tant de monde, on demeure stupéfait et quelque peu dubitatif sur la ligne de Maximilien. Était-il naïf ? Aurait-il dû entrer en résistance frontale ? Manquait-il de courage ? Certes non, puisqu'il refusa la nationalité allemande qu'on lui proposait et qui l'aurait protégé. La situation devenant de plus en plus tendue, il refusa d'abandonner ses fonctions à la tête de la Cité de l'Immaculée où sa personnalité de moine catholique

---

1. André Frossard, « *N'oubliez pas l'amour* ». *La passion de Maximilien Kolbe, op. cit.*, p. 174.

ne pouvait être perçue que comme un défi à l'idéologie nazie. L'horreur de la Shoah a si profondément marqué les opinions publiques, que celles-ci ignorent la persécution dont furent victimes les catholiques fervents. Eux aussi subirent, et massivement, la vindicte des nazis.

Ce qui devait arriver arriva : Kolbe fut arrêté une première fois, puis une deuxième et dirigé vers le camp d'Auschwitz. Là commença son martyre. Face aux pires avanies que les récits de la Shoah nous conservent en mémoire, tous les témoignages convergent pour louer le dévouement absolu – et le mot absolu est celui qui s'impose – de Maximilien envers ses frères en détention. Il les soigna, il partagea avec eux sa maigre pitance, il était joyeux dans le pire des dénuements et vint au secours des défaillances physiques et morales des uns et des autres. Il était devenu le matricule 16670.

Le 31 juillet 1941, les sirènes du camp signalèrent l'évasion d'un prisonnier. On constata que le disparu appartenait au bloc 14, celui de Maximilien. Le lendemain matin, l'évadé n'ayant pas été retrouvé, les six cents prisonniers du bloc 14 se virent infliger le supplice de se tenir debout immobiles en plein soleil par rang de soixante. Après une pause d'une demi-heure à quinze heures et l'apport d'une soupe qui n'avait de soupe que le nom, ils durent continuer à rester debout. Le soir, le prisonnier n'ayant toujours pas été retrouvé, il fut décidé que dix internés allaient être condamnés à mourir de faim dans un bunker. Dix malheureuses victimes furent désignées à cette fin. L'une d'entre elles sanglotait et suppliait qu'on lui fît grâce. C'est alors que Maximilien sortit du rang et se présenta au commandant SS, lui demandant de remplacer ce malheureux qui disait ne point vouloir mourir car il avait une grande famille. L'officier SS accepta et Maximilien fut donc, avec ses neuf autres compagnons d'infortune, incarcéré dans un bunker où les dix hommes, nus, ne disposaient que de quelques mètres carrés qui seraient leur tombeau. Le garde-chiourme leur dit dans son cynisme : « Vous vous dessécherez comme des tulipes ! »

Au ras du plafond, un soupirail diffusait un peu de lumière, seul contact avec le monde extérieur, le monde des vivants ou ce qu'il en restait. C'est par ce soupirail que se diffusait à l'extérieur le bruit feutré des prières et des chants religieux auxquels les prisonniers se raccrochaient, réconfortés par Maximilien qui les accompagna l'un après l'autre jusqu'à la mort. Lui, pourtant gravement atteint de tuberculose, n'en finit plus de mourir. Le quatorzième jour, veille de l'Assomption, les autorités décidèrent d'en finir pour récupérer le bunker et y enfermer de nouveaux suppliciés. Il restait alors dans le bunker, trois agonisants étendus sur le sol et Maximilien, le corps desséché, appuyé contre le mur. On lui administra une piqûre de phénol et il rendit sa belle âme à Dieu.

Sa fête est célébrée dans le calendrier romain le 14 août, jour de sa naissance au ciel. Le 10 octobre 1982, devant deux cent mille personnes rassemblées place Saint-Pierre, Jean-Paul II proclama son compatriote saint et martyr. Les ornements utilisés dans cet office liturgique étaient rouge écarlate, couleur du sang des martyrs, ce sang qu'avait versé Jésus à l'ultime moment de son sacrifice sur la croix, lorsqu'un soldat le blessa d'un coup de lance et qu'il sortit de son cœur du sang et de l'eau.

Maximilien Kolbe, ou le sacrifice de soi

Comme le Christ, Maximilien était rentré « librement » dans sa passion, comme il est dit au canon de la messe.

On s'interrogea à Rome sur son statut de martyr. Siècle après siècle, les martyrs étaient morts pour confesser leur foi, refusant d'abjurer. Tel ne fut pas le cas pour Maximilien Kolbe. On lui décerna néanmoins la palme du martyre, un martyre consenti par amour.

Marthe Robin,
sainte et campagnarde

1979. J'étais alors au creux d'une sévère dépression liée à une série de deuils, de ruptures et d'abandons. Psychothérapie, antidépresseurs, rien n'y faisait. Ne sachant plus à quel saint me vouer, je m'en remettais aux conseils des uns et des autres. Un ami prêtre me suggéra une visite à Marthe Robin.

Nous partîmes donc à Châteauneuf-de-Galaure dans la Drôme, où elle résidait dans la ferme paternelle. Le père Finet, qui accompagna Marthe durant la plus grande partie de sa vie, me fit comprendre que nous tombions bien mal ce jour-là. Marthe avait été assaillie, comme si souvent, par des agressions démoniaques qui avaient été la nuit précédente d'une rare violence. Elle avait été fortement bousculée, des objets avaient été projetés au sol et les rideaux de sa chambre s'étaient en partie déchirés. Le père Finet limita notre entretien à cinq minutes. Je pénétrai dans cette chambre obscure, m'assis au pied du lit de Marthe. Il me fallut un temps d'adaptation pour deviner son visage, car la chambre était plongée dans une obscurité permanente, de jour comme de nuit.

Je lui tins quelques propos liminaires, auxquels elle me répondit par une phrase que j'ai retenue : « Vous devez beaucoup souffrir, mais ne vous découragez jamais. » Puis le père m'invita à la laisser et je quittai Châteauneuf, je dois l'avouer, fort perplexe. Voilà que subitement je m'interrogeai sur le contenu de ce message que je n'étais plus sûr d'avoir bien compris. Avait-elle dit vous « devez » souffrir ou vous « devrez » souffrir ? Certes, je souffrais beaucoup. Mais cela allait-il durer ? Que conclure de ce propos somme toute anodin ?

Jusqu'alors j'ignorais tout de la vie et du charisme de Marthe Robin, dont je ne connaissais que le nom. C'est après cette entrevue que je découvris les dimensions exceptionnelles de sa personnalité, de son parcours et de sa vie. La biographie que lui consacra Jean Guitton [1] m'y aida. Le grand écrivain avait en effet suivi, en ami et fidèle confident, tout le parcours de Marthe.

Marthe naquit dans une famille paysanne, le 13 mars 1902, à Châteauneuf-de-Galaure dans la Drôme. Elle ne quitta jamais sa maison, où elle mourut le 6 février 1981.

Le pays de Galaure était traditionnellement un fief de la libre-pensée. Les non baptisés y étaient nombreux. Son père, Joseph Robin, était d'un tempérament jovial ; sans être anticlérical, il pratiquait peu, et ne fréquentait l'église qu'aux grandes fêtes. La mère de Marthe était aussi une heureuse nature prenant la vie du bon côté. Dans la maison, on aimait

---

1. Jean Guitton, *Portrait de Marthe Robin*, Paris, Grasset et Fasquelle, 1985.

chanter, danser, « tourner », comme disait Marthe, au son d'un accordéon. Les Robin eurent six enfants dont Marthe était la dernière. Rien dans son enfance et sa famille ne laissait présager l'étrangeté de son destin. Marthe fit sa communion privée le 15 août 1912 et y connut un moment très fort où « le Seigneur s'était emparé d'elle d'une manière douce ». Après sa communion solennelle en 1914, elle quitta l'école sans certificat d'études pour travailler à la ferme paternelle. Sa formation religieuse et intellectuelle n'alla pas plus loin.

Rien à signaler dans sa biographie jusqu'à l'âge de seize ans où la maladie s'empara d'elle par étapes : des maux de tête, des vomissements et des évanouissements font d'abord penser à des crises d'épilepsie. Lorsque s'acheva la guerre de 1914, elle connut une période fébrile avec vomissements et coma. On songea alors à une tumeur cérébrale. La maladie récidiva en 1919 et s'accompagna cette fois de douleurs oculaires. On évoqua une méningite. Les membres inférieurs commençaient à se paralyser. En mai 1921, on la crut guérie, au point que le 11 novembre 1921, elle parcourut quatre kilomètres à pied pour aller à la messe. Puis le mal récidiva. Ses membres inférieurs se paralysèrent complètement, de sorte que Marthe dut garder le lit. Le 3 octobre 1927, on considéra son état comme désespéré.

C'est aussi l'époque où se manifestèrent les premiers assauts diaboliques. En automne 1930 apparurent les stigmates et, à partir de 1932, Marthe ne mangea plus, ne but plus, ne déglutit plus, ne dormit plus et s'installa dans un état qui dura jusqu'à sa mort. On s'interrogea sur la manière dont elle déglutissait l'hostie, mais selon elle l'hostie était absorbée sans qu'elle ne l'avalât puisqu'elle était incapable de faire le moindre mouvement de déglutition. En fondant dans sa bouche, comme le veut une expression populaire, l'hostie était pour elle « comme un être vivant qui entre en elle ».

La vie mystique qui est union à Dieu, union à l'absolu, s'accompagne de phénomènes semblant contredire les lois de la nature. Parmi ceux-ci, la privation de nourriture et de boisson. La restriction de nourriture est ritualisée dans toutes les religions, qu'il s'agisse du carême, du ramadan ou du jeûne rituel des bouddhistes. Les ascètes s'imposent des privations plus sévères. Ils ne consomment « qu'un peu de nourriture », et selon leurs biographies, cet « un peu » est vraiment « très peu ». Mais à côté de ces privations acceptées ou choisies, on trouve aussi les privations subies, le fait de ne plus pouvoir ni manger, ni boire : ce que, nous l'avons déjà vu, les spécialistes appellent « inédie ». Tel fut le cas, semble-t-il, de Nicolas de Flue, et à coup sûr celui de Marthe Robin. Durant un demi-siècle, de 1932 à sa mort en 1981, selon de nombreux témoins dûment patentés, Marthe ne s'est pas nourrie, ce qui désarmait les autorités médicales appelées à se prononcer sur son cas et ce qui ne manquera pas de désarmer aussi ses juges, lors de la procédure de béatification.

Ce phénomène très rare, un vrai prodige, a été constaté plusieurs fois et presque toujours chez des femmes, entraînant une régression physique et une atrophie marquée des membres inférieurs rendant la station debout impossible. Au XIXe siècle, on cite le cas de Rose Savary qui jeûna de la sorte durant dix-sept ans dans un village proche de Caen. Elle ne dormait ni ne mangeait et vivait alitée. On a naturellement suspecté les personnes frappées d'inédie de mensonge, de dissimulation, de mystification ou de trucage. Pourtant, certains cas ont fait l'objet d'une surveillance continue par de nombreuses personnes. Louise Lateau, morte en 1883, était suivie de près par des médecins afin d'éliminer toute hypothèse de supercherie. Elle a vécu sept ans sans manger ni boire, hormis l'hostie consacrée. Comme Marthe Robin, elle ne dormait pratiquement jamais et avait reçu les stigmates. On trouve ici la même trilogie que chez Marthe : jeûne absolu, stigmate, absence de sommeil. Le cas dont il a été le plus débattu est celui de Thérèse Neumann en Bavière. Sur ordre de son évêque, une commission médicale fut nommée sous l'autorité d'un médecin réputé, le docteur Seidl. Quatre religieuses la surveillaient, liées par la foi du serment. Elles se relayaient continuellement pour ne jamais quitter des yeux la jeune fille, tandis que des médecins suivaient au jour le jour l'évolution de son poids, de sa température, de son pouls. L'inédie de Thérèse Neumann a duré quatorze ans, au début du XXe siècle.

Pour de telles personnes, l'affaiblissement physique, la réduction mystérieuse des métabolismes, la perte des capacités biologiques du corps s'accompagnent d'un gain dans l'ordre de l'esprit : des potentialités nouvelles apparaissent, comme si le cerveau et sa sensibilité s'ouvraient à des capacités émergentes, potentiellement présentes chez tous les humains, mais dont une fraction infime serait capable de les manifester : lévitation, don de voyance, visions, extases, apparitions, bilocations, ce don qu'avait le Padre Pio de se trouver à deux endroits en même temps et qui se produisit aussi chez Marthe Robin. Pour ces mystiques, la faiblesse du corps n'a d'égal que l'agilité de l'esprit, et le délabrement du naturel produit du surnaturel.

Barjavel, et Shakespeare avant lui, avait évoqué cette apparition mystérieuse de propriétés nouvelles, comme si chez quelques-uns le cerveau « s'allumait » et développait des qualités et des performances insoupçonnées. Jean Guitton, qui a suivi Marthe Robin pendant des années, y voyait ce qui sera peut-être l'étape suivante de l'évolution où le cerveau atteindrait, si l'on peut dire, un « rendement » sans commune mesure avec ses capacités actuelles. L'*homo sapiens* serait-il suivi dans les profondeurs du temps par l'« homo mysticus » ? Pour l'instant, en tout cas, nous en sommes à l'« homo technologicus », dont les « progrès » viennent du recours à des objets extérieurs, en dehors de toute mutation interne.

Marthe Robin vivait souvent des extases. Par une alchimie mystérieuse et subtile, elle vivait à la fois de grandes douleurs et des joies intenses. La science moderne parlerait volontiers de masochisme. Rien de tel pourtant, puisque ces extases n'étaient pas le fruit de sa propre volonté. Marthe écrivait en 1930, dans une lettre dictée destinée à un proche : « Voici la fin d'année qui s'achève dans l'union intime de mon âme avec Dieu. Mon être a subi une transformation aussi mystérieuse que profonde. Mon bonheur [...] est profond, durable parce que divin. Quel travail, quelle ascension et que d'agonies de volonté pour mourir à moi-même ! Jésus se fait si tendre pour une petite âme ensanglantée, prenant sur lui tout le pénible de l'épreuve en ne me laissant que le mérite de le suivre sans résistance. La maladie retranche nos moyens d'action, mais elle en crée d'autres peu compris et si peu étudiés [1]. »

Marthe était nourrie « en direct » par l'amour de Dieu. En cela, disait-elle, elle n'avait besoin d'aucun livre et d'aucune lecture. Elle disait ne tirer aucun profit des lectures spirituelles qu'on lui faisait et dont elle ne gardait qu'un sentiment de fatigue, « si bien que lorsqu'on fait la lecture à haute voix, je ne sais le plus souvent rien de ce qu'on a lu ; je n'en garde que la fatigue éprouvée. Jésus est pour moi le livre dans lequel il est permis de lire sans relâche et sans épuisement. C'est par ce livre-là que le Seigneur m'a appris tout ce que je sais et ce que je dois dire. Il m'a rassasiée quand j'avais faim, d'une chose si bonne et si belle quelle dépasse toute description... Il fut un temps où je pensais que lire les ouvrages de quelques grands saints m'aiderait à m'expliquer plus facilement sur ce que le Seigneur faisait en moi et sur les questions posées, mais le Seigneur me montra que telle n'était pas sa volonté [2] ». Les gens ordinaires se nourrissent de l'évocation et des écrits des grands saints en vue d'un progrès spirituel. C'est la fameuse « édification » indissociable des pieuses hagiographies. Mais pour un vrai mystique, l'élévation spirituelle est un don gratuit, immédiat, vécu dans un commerce personnel avec le divin. À la différence de la plupart des mystiques, Marthe évoque peu les périodes de sécheresse et d'aridité où le divin semble se dérober et où la foi elle-même est remise en question. Elle

---

1. *Ibid.*, p. 54.
2. *Ibid.*, p. 108.

a dit à plusieurs reprises que sa foi n'avait jamais été ébranlée.

Stigmatisée, Marthe n'utilisait cependant jamais ce mot. La médecine y voit une expression somatique d'une hyperconcentration de l'esprit sur les supplices de la Passion. Marthe reçut les stigmates en octobre 1930, « brûlée par un dard de feu » aux deux pieds, aux deux mains, au cœur et à la tête, chacune de ses plaies se rouvrant chaque semaine. Elle entrait dans les douleurs le jeudi soir, à l'heure où selon les Évangiles, Jésus fut arrêté au mont des Oliviers. Ce qu'elle a relaté de son expérience reproduit très exactement les souffrances endurées par le Christ dans la dramatique séquence qui le mène du mont des Oliviers au Golgotha. Le vendredi à quinze heures, heure de la mort du Christ, elle éprouve le sentiment « de porter tous les péchés du monde » et demeure entièrement prostrée et quasi comateuse durant deux heures. Puis elle revient à elle et redevient présente et proche le dimanche, jour de la Résurrection.

Dans ces moments cruciaux, les assauts du Malin se font plus violents. Elle voit le diable, le Prince de ce monde, qui triompha au Golgotha et finit par triompher de sa propre vie puisque son assaut du 6 février 1981, date de sa mort, lui fut fatal. Alors qu'elle fut jetée en bas de son lit, le père Finet qui l'accompagnait crut l'entendre murmurer : « Il m'a tuée ! » Elle ne disait pas « le démon », mais « il ». Il l'a tuée par un assaut final comme il crucifia le Christ au Golgotha. Mais peut-on ressusciter sans mourir d'abord ? Nul, pas même Jésus, ne fit l'économie de la mort. Dans les grands moments de confrontation avec le démon, ou les démons, au sujet du ou desquels Marthe nous a laissé maints témoignages, le trouvant « beau et intelligent », les choses pouvaient aller très loin. Elle était alors insultée, souffletée, secouée, comme il advint aussi du Padre Pio et du curé d'Ars.

Pendant la moitié de son existence, de l'âge de quarante-cinq ans à sa mort, Marthe fut accompagnée par un prêtre, le père Finet. Il partagea ses joies et ses souffrances, et fut le médiateur de Marthe en lui permettant, malgré son état, de s'ouvrir à l'humanité. C'est lui qui canalisait les innombrables personnes qui venaient la visiter à Châteauneuf-de-Galaure dans sa ferme, et c'est lui aussi qui mit en œuvre le grand projet de Marthe : créer à travers le monde entier des Foyers de charité.

Leur premier contact dura trois heures. Marthe expliqua au prêtre que l'Église allait vivre une véritable Pentecôte d'amour en se rajeunissant par le laïcat, qui devait jouer à ses yeux un rôle capital dans le futur. Il allait donc falloir créer des « foyers de lumière, de charité et d'amour ». À la fin de l'entretien, elle dit au père Finet : « Monsieur l'Abbé, j'ai une demande à vous faire. Cette demande n'est pas de moi ; elle est adressée de la part de Dieu : c'est vous, vous-même, qui devez venir ici à Châteauneuf pour fonder le premier foyer. » Le père Finet fit plusieurs objections, mais finit par céder à l'enthousiasme contagieux de cette patiente inerte sur son lit. Elle lui indiqua que des retraites allaient être organisées dans ces foyers, à raison de cinq jours consécutifs et dans le silence. Le père Finet objecta qu'il serait difficile de tenir des femmes en silence pendant cinq jours… Marthe ne s'arrêta pas à ce détail et fixa sur-le-champ la première retraite au 7 septembre de la même année. Le père en fut abasourdi et obtint de son évêque un détachement auprès de Marthe. Tout se passa comme prévu aux dates indiquées ; les obstacles s'évanouirent comme par enchantement les uns après les autres. L'argent tomba du ciel sous forme de dons spontanés. Dans la foulée, d'autres foyers allaient voir le jour sur tous les continents.

Entre Marthe et le père Finet s'établissait un dialogue singulier : elle inspirait son action et lui faisait aboutir les projets. Se vivait ainsi une relation semblable à celle qui unit jadis une autre grande mystique allemande : Anne-Catherine Emmerich à Clemens Brentano, proche ami de Goethe qui préféra, aux mondanités de la cour, la chambre d'Anne-Catherine, et qui demeura pendant six ans son fidèle secrétaire. Comme Marthe, Anne-Catherine ne mangeait pas, ne dormait pas et avait reçu les stigmates. Toujours cette étrange trilogie. Et Jean Guitton [1], qui propose cette comparaison, cite ce que Clemens avait écrit sur Anne-Catherine en l'appliquant à Marthe : « Ce qu'elle dit est bref mais simple, plein de profondeur, de chaleur, et de vie ; je comprenais tout ; elle était la fleur des champs et l'oiseau des bois tantôt bienheureuse, merveilleuse, tantôt naïve, enjouée, toujours malade, agonisante, mais délicate et fraîche, chaste, éprouvée, et avec cela toute campagnarde. » Le père Finet vécut donc près de Marthe et ensemble ils cheminèrent d'un pas symbolique vers l'accomplissement des grands desseins que Dieu inspirait à sa petite Marthe.

Ses avis étaient toujours marqués au coin du bon sens, cette forme ordinaire de la sagesse. Elle ne conseillait jamais à ses visiteurs d'emprunter la voie

---

1. *Ibid.*

la plus étroite, le chemin le plus dur. Bien souvent, elle choisissait pour eux la facilité. Ses conseils étaient simples, souvent surprenants, car elle s'employait à alléger les peines et les difficultés de ses hôtes.

Marthe s'exprimait aussi sur les événements politiques ; elle disait ainsi avoir supplié Dieu pour que Mai 1968 ne répande pas une seule goutte de sang. Elle disait s'offrir et souffrir pour alléger les menaces pesant sur le monde, en particulier, à son époque, un conflit nucléaire. Que vaut l'offrande d'une petite paysanne clouée sur son lit de douleur face aux fracas du monde ? Mystères de la mystique.

La petite paysanne modeste et presque inculte de la Drôme profonde est devenue, quelques années après sa mort, une sorte d'athlète de l'amour universel. Le contraste est saisissant entre les misérables conditions physiques et biologiques de Marthe et l'immensité de son œuvre spirituelle. Celle-ci s'organise autour des Foyers de charité, dont le premier est créé à son instigation et à l'initiative du père Finet, à Châteauneuf-de-Galaure en 1936. Les membres, comme pour tous les Foyers de charité créés ultérieurement, sont des laïcs. Reconnue en 1986 par le Vatican comme une association internationale de fidèles, la spiritualité des Foyers est centrée sur les Béatitudes. Les Foyers organisent des retraites spirituelles ouvertes à tous : c'est le cœur de leurs activités et de leur mission. Ces retraites sont animées par des laïcs avec la participation du prêtre responsable du Foyer. Châteauneuf-de-Galaure est le Foyer central qui rayonne sur les soixante-dix-sept Foyers répartis à travers le monde et présents dans quarante-deux pays.

Mais le rayonnement exceptionnel de Marthe Robin ne se limite pas à l'œuvre qui se réfère à son nom. Durant sa vie, elle reçut plus de cent mille personnes, dont des centaines de prêtres, de nombreux évêques, et naturellement des laïcs de toute origine. Elle a reçu pratiquement tous les fondateurs des communautés nouvelles au sein de l'Église, participant à ce renouveau décelable dans ces jeunes pousses. Or cette grande figure du XXe siècle reste inconnue de la plupart de nos contemporains, alors que le moindre *people* qui n'a jamais rien apporté à son époque défraie en permanence la chronique mondaine.

Les Foyers de charité savent aussi mettre la main à la pâte lorsqu'il s'agit d'œuvres caritatives. Ils gèrent des maisons d'accueil pour jeunes en difficulté ou handicapés, d'autres pour des enfants abandonnés et, dans divers pays, des écoles, des hospices pour personnes âgées, des dispensaires, des radios religieuses locales, des cantines pour les pauvres, etc. Les Foyers de charité publient une revue bimestrielle *L'Alouette*. On se laissera entraîner par cette gentille alouette dans une merveilleuse ascension verticale vers ce qui pourrait devenir, lorsque notre très vieille société pourrie par le vice de l'argent s'écroulera, la civilisation de l'amour.

« Le bon pape Jean »

Nous sommes à Metz, quelques mois avant l'ouverture du concile Vatican II, intervenu le 11 octobre 1962. Une rencontre décisive a lieu entre le délégué du patriarche orthodoxe de Moscou, Alexis II, et le cardinal Tisserant, nancéen d'origine, doyen du Sacré Collège des cardinaux, et à ce titre numéro deux de l'Église catholique.

Mon fidèle ami, le père Lagarde, est en relation avec un ami russe orthodoxe très en cours auprès du patriarcat de Moscou, M. Bodjakof. L'abbé Lagarde était une figure de l'Église messine. Grand résistant, il avait été très proche du maréchal de Lattre de Tassigny dont il fut le confesseur. C'est dans sa maison de retraite, chez les Petites Sœurs des pauvres, que s'organisa la rencontre décisive qui devait aboutir à la représentation du patriarcat de Moscou au concile. J'aidais l'abbé Lagarde à organiser cette rencontre et fus chargé d'aller cueillir à son arrivée en gare de Metz le délégué du patriarche, monseigneur Nicodème.

Il se trouva que cette visite coïncidait avec une fête folklorique très en vogue à Metz, la fête de la Mirabelle. À la gare, les organisateurs de la fête accueillaient les représentants des groupes folkloriques, débarquant du train dans leurs habits traditionnels. Je repérai naturellement à sa tenue ecclésiastique le représentant du patriarche, vers lequel se précipitèrent les gens de la fête de la Mirabelle l'interrogeant sur le groupe folklorique auquel il appartenait ! J'eus à peine le temps de le soustraire à ces invites et l'embarquai dans ma 2CV dans laquelle, à cette époque, j'emmenais chaque jour le président Robert Schuman en promenade, tout à la fin de sa vie. La rencontre entre le délégué du patriarche et le cardinal Tisserand se passa sans encombre ni anicroches, et il fut décidé de la représentation au concile du patriarcat de Moscou. Une condition avait été acceptée par le Vatican : le concile ne prononcerait pas de condamnation solennelle du communisme. Telle fut ma modeste participation à Vatican II !

Vatican II, l'événement majeur qui marqua l'Église catholique au XXe siècle, fruit d'une intuition subite et irrépressible de Jean XXIII, qui pourtant avait été élu par ses pairs comme un pape de transition. Il s'en est expliqué en ces termes à Jean Guitton [1], venu lui rendre visite à sa résidence d'été de Castelgondolfo : « Voyez cet observatoire : là les Jésuites astronomes calculent. Moi, j'imite Abraham : je me lance dans la nuit, c'est ainsi que j'ai fait le concile. »

À peine élu le 28 octobre 1958, Jean XXIII fut désigné par la *vox populi* comme le « bon pape Jean ». Aucun pape au cours des derniers siècles n'a bénéficié d'une aussi chaleureuse adhésion populaire. Tout le monde l'aimait, au sein de l'Église mais aussi à l'extérieur du pré carré. Ne le considérait-on pas

---

1. Jean Guitton, *Portrait de Marthe Robin*, op. cit., p. 67.

comme une sorte de père, bienveillant et débonnaire, de toute l'humanité ? Ce qu'aucun autre souverain pontife n'a pu représenter de la sorte, fût-ce le très charismatique et médiatique Jean-Paul II. Xavier Lecœur nous a livré une belle biographie de ce pape hors norme [1].

Angelo Guiseppe Roncalli naquit à Sotto il Monte, petit village lombard au pied des Préalpes italiennes. Sa famille exploitait en métayage, pour des nobles de Bergame, une ferme à laquelle s'employait toute la tribu des Roncalli, sous l'autorité du grand-oncle Zaverio. Vivaient sous le même toit à la mode italienne, parents et enfants, oncles et tantes, neveux et nièces, cousins et cousines : à table, toujours plus d'une vingtaine de couverts. Ils se serraient ensemble car ils étaient pauvres. Sur la table, pas de pain, mais un plat de polenta. La viande était rare. Le petit Angelo reçut de son grand-oncle Zaverio, homme pieux et cultivé, les rudiments de la foi catholique, qui très vite l'habita tout entier et ne le lâcha plus. Angelo ou Angelino, « le petit ange », était pieux et se confondait en prières… comme moi à son âge. Le prêtre de la paroisse repéra bien vite cette âme pure et naïve, et prodigua à Angelino ses premières leçons de latin. En fait c'était un confrère, ami du curé, bon mais sévère, qui se chargea de la tâche. Angelino devenu Angelo puis Giovanni écrivit plus tard : « J'ai appris le latin à coups de taloches, chaque taloche me faisait entrer un mot dans la caboche. »

---

1. Xavier Lecœur, *Petite vie de Jean XXIII*, Paris, Desclée de Brouwer, 2008.

Dès l'âge de quatorze ans, l'enfant entreprit d'écrire son journal, publié en 1964 [1], qu'il continua à rédiger jusqu'à sa mort survenue à quatre-vingt-un ans. La personnalité et la spiritualité du bon pape Jean s'y révèlent au gré de ses confidences intimes, et l'on découvre une heureuse alchimie entre une solide et bonne nature et une belle âme limpide et claire. « Mon âme est dans ces pages, écrit-il. J'étais un bon garçon innocent, un peu timide, je voulais aimer Dieu à tout prix et je ne pensais à rien d'autre qu'à me faire prêtre au service des âmes simples qui réclament des soins patients et diligents. » Pour lui, le mot ambition voulait dire mission et, aux appels qui lui seront adressés tout au long de son existence, il répondait déjà dans l'ardeur de sa jeunesse : « Si je devais être comme saint François de Sales, mon saint bien-aimé, cela ne me ferait rien même d'être élu pape ! Un amour grand, ardent pour Jésus-Christ et son Église, une tranquillité d'esprit inaltérable, une douceur incomparable avec le prochain, voilà tout ! »

Dans ses sermons de carême à Notre-Dame de Paris en 2003, le cardinal Paul Poupard a évoqué avec une grande sensibilité et beaucoup de pertinence l'attachante personnalité du bon pape Jean [2]. « Angelo ne s'est sans doute jamais posé la moindre question quant à sa vocation. À douze ans il rentre au petit séminaire de Bergame et va à dix-neuf ans terminer ses études de théologie à Rome, où il est ordonné prêtre le 10 août 1904. Devenu le secrétaire de son évêque, monseigneur Radini-Tedeschi, il

---

1. Jean XXIII, *Journal de l'âme*, Paris, Cerf, 1964.
2. Cardinal Poupard, *La Sainteté au défi de l'histoire*, Paris, Presses de la Renaissance, 2003.

« *Le bon pape Jean* »

devient l'aumônier des jeunes du diocèse tout en enseignant l'histoire au séminaire [...]. Ainsi le parcours de l'enfant, de l'adolescent, du jeune homme, du jeune frère, s'effectue de manière linéaire sans ces crises de révolte si caractéristiques de l'adolescence et rarement présentes dans les biographies de saints. Ceux-ci semblent échapper à ce phénomène de décrochage si fréquent chez les jeunes au début de l'adolescence, même s'ils ont reçu une formation chrétienne jusqu'à leur confirmation. »

C'est peut-être aujourd'hui la première question qui se pose à l'Église : que se passe-t-il pour qu'elle perde tout contact avec les jeunes dès la fin de la scolarité, eussent-ils suivi le catéchisme ? L'éveil de la sexualité serait-il incompatible avec la foi chrétienne ? Ou bien l'amour de Dieu et du prochain n'a-t-il pas pénétré en profondeur les âmes enfantines ? Et lorsque vient l'adolescence, l'Église renvoie l'image d'un univers mental où tout est défendu, surtout en matière de sexualité. Au fait, qui donc est « en règle » avec l'Église en ce domaine ?

Accordons-nous sans aucune acrimonie, un moment d'humour.

Vers dix ans, le petit garçon porte un intérêt soudain à son petit moineau. Il se masturbe. Coupable. À seize ans, il a une copine. Les voilà coupables tous les deux. Et s'il change de copine, ça ne change rien : coupable. Finalement il se marie. Ouf. Mais comme les deux travaillent, ils ne veulent pas d'enfant tout de suite. On va avoir recours à la contraception : coupable. Catastrophe : le couple se disloque et l'on va au divorce. Si l'un et l'autre décident de refaire leur vie, comme disent les gens, les choses s'aggravent : les voilà coupables à vie. Coupable à vie on l'est aussi si, étant homo, on vit sa sexualité d'une manière ou d'une autre.

Heureux les tout petits enfants, les veufs et les veuves très âgés, mais aussi les couples héroïques qui s'en tiennent strictement à la discipline imposée. Pris ensemble, les uns et les autres représentent à peine le quart de la population. Tous les autres sont coupables. Je sais bien qu'il y a la confession, mais comme on « rechute » toujours après…

Finalement, beaucoup de gens s'en vont sur la pointe des pieds, sans rien dire, et les jeunes sont ailleurs. Moralité, il y a de moins en moins de monde dans les églises.

Mais Jean XXIII, à l'image des grands saints, échappa à ce questionnement. Il s'était donné à Dieu sans réserve et sans retour. Il fut habité très tôt du triple amour de Dieu, du prochain et de l'Église, et n'en démordrait plus.

Une première anicroche survint cependant en 1913. Il avait trente-deux ans. Six ans plus tôt, le pape Pie X avait condamné sévèrement les dérives des penseurs modernistes. Une personne malveillante avait averti Rome qu'Angelo Roncalli semblait manifester quelque faiblesse pour ces penseurs ; le voici durement rappelé à l'ordre par un intraitable cardinal de curie ; ce fut pour lui une première blessure. On lui recommanda, ou plutôt on lui commanda, de sortir « du triste enchantement de certains livres et de certains auteurs ». Angelo ne comprenait pas comment on avait pu, en aussi haut lieu, mettre en doute sa loyauté. Mais tout allait mal. Des bruits de bottes se firent entendre, 1914 n'était plus loin, et le

22 août de cette même année, son patron, l'évêque de Bergame, rendit l'âme dans les bras de son fidèle secrétaire qui le veilla durant toute son agonie.

Désolé de découvrir pendant son service militaire une humanité qu'il ne connaissait guère, l'humanité mal dégrossie, un monde de brutes, il fut affecté dès le début de la guerre comme infirmier dans les hôpitaux de Bergame. Il y découvrit l'horreur du conflit : les blessés défigurés, mutilés, brûlés, mais aussi les blessures morales contractées sur les champs de bataille, l'angoisse pour les familles séparées. Il déploya des trésors de compassion et de bonté à l'égard de ces malheureux. Qu'elles étaient loin les belles années d'avant-guerre, lorsqu'il travaillait dans l'ombre de son évêque ! Il disait alors n'avoir aucune ambition de carrière : « Je m'oblige spécialement à chercher la parfaite pauvreté d'esprit dans le détachement absolu de moi-même, en n'ayant nul souci de poste, de carrière, de distinction ou de toute autre chose du même genre. Ne suis-je pas déjà trop honoré dans la simplicité si haute de mon sacerdoce et de mon ministère ? »

Pourtant, les missions souvent délicates allaient s'enchaîner. On avait décelé à Rome les qualités du père Roncalli et on entendait bien les faire fructifier. En 1925, le Vatican le nomma vicaire apostolique en Bulgarie en lui conférant le titre d'archevêque. Les catholiques bulgares étaient peu nombreux, et l'Église romaine n'avait plus eu de contact avec le milieu orthodoxe depuis un millénaire. Il lui incombait de prendre en charge la petite communauté des uniates de rite byzantin, revenus au catholicisme et méprisés pour cette raison par les orthodoxes majoritaires en Bulgarie. L'œcuménisme était encore dans

Heureux les simples

les limbes. Le 5 décembre 1926, monseigneur Roncalli fit consacrer à Rome le père Kurtev, promu évêque des uniates bulgares. Et sur sa lancée, il envisagea la création d'un séminaire à Sofia. Mais Rome tergiversa et freina ses initiatives à sa plus grande déception : « C'est une forme de mortification et d'humiliation à laquelle je ne m'attendais pas et qui me fait beaucoup souffrir », écrit-il. Il lui fallut aussi gérer au plus près l'union mixte célébrée entre le roi Boris III de Bulgarie, orthodoxe, et la princesse Jeanne, fille du très catholique roi Victor Emmanuel III d'Italie. Boris III accepta d'abord les conditions, posées par le Vatican, de célébrer le mariage selon le rite catholique. Puis il fit machine arrière en faisant célébrer une deuxième fois son mariage selon le rite orthodoxe. Angelo Roncalli géra la crise avec beaucoup de finesse et évita la rupture entre Sofia et Rome.

Ses talents de diplomate ainsi confirmés lui valurent d'être nommé en 1935 délégué apostolique en Turquie et en Grèce. Il lui fallut abandonner la soutane et adopter le pantalon, conformément à la réforme menée par Kemal Atatürk visant à laïciser la Turquie. Il s'appliqua à apprendre la langue turque et amena les chrétiens de Turquie à prier dans leurs églises en turc. Une décision qui annonçait les résolutions du concile Vatican II, sur l'utilisation des langues vernaculaires dans la liturgie. Angelo Roncalli eut grand soin de mettre à profit ce séjour pour se rapprocher du patriarche de Constantinople et des chefs de l'Église grecque orthodoxe ; un rapprochement survenant après des siècles d'ignorance, voire d'hostilité mutuelle. Il sut apaiser les tensions entre les communautés et fut un pionnier dans le rapprochement du

« *Le bon pape Jean* »

monde catholique et du monde orthodoxe ; au prix d'une profonde spiritualité, d'un esprit de prière, mais aussi d'un esprit d'amour et de compassion débordant les strictes limites imposées par le langage et la prudence diplomatiques. Au milieu de ces populations divisées dans leur foi, il rechercha ce qui unit au lieu de mettre l'accent, comme tous les autres, sur ce qui sépare. Et le tout avec une candide sincérité. C'est dans cet esprit qu'il inviterait au concile les frères séparés anglicans, protestants et orthodoxes.

En décembre 1960, le bon pape Jean reçut au Vatican le docteur Fisher, archevêque de Cantorbéry et primat de l'Église anglicane. Il s'interrogea : « Qu'est-ce que tu vas dire et qu'est-ce que tu vas faire. Si ton papa et ta maman te voyaient, qu'est-ce qu'ils feraient ? Qu'est-ce qu'ils diraient ? Tu as beau être pape, tu ne peux tout de même pas changer le credo pour faire plaisir à tous ceux qui ne sont pas catholiques. » Puis, vint le jour de la rencontre : « Le Monseigneur de service m'annonça : "Saint-Père c'est le docteur Fisher !" Alors qu'est-ce que j'ai fait, qu'est-ce que je pouvais faire ? Je lui ai ouvert les bras et nous nous sommes embrassés, car avant d'être séparés, nous sommes des frères de Jésus-Christ et c'est plus fort que tout le reste. » Cette confidence qu'il fit à ses proches, et que nous rapporte le cardinal Poupard, s'achevait par ces mots : « Mes amis, voyez-vous, je ne suis qu'un pauvre homme ; je ne suis ni un grand théologien, ni un grand philosophe, ni un grand historien, ni un grand savant, ni un grand politicien. Mais peut-être que le bon Dieu avait besoin d'un pauvre homme pour faire cela et que cela aurait été bien difficile à un grand théologien [...]. Mais maintenant que c'est fait, un autre plus grand pourra venir et continuer parce que j'aurai moi, tout simplement, commencé[1] ! »

Que n'est-il venu, cet autre !

À Istanbul, il s'employa à sauver des Juifs. Il parvint même à impliquer dans ces opérations de sauvetage l'ambassadeur d'Allemagne à Ankara, Franz von Papen, ce qui valut à ce dernier d'être gracié au procès de Nuremberg en 1946. Dès 1939, il avait rappelé avec force que l'Église ignore la séparation de l'humanité en races. Il aida aussi de nombreux Juifs menacés dans leur pays à gagner la Turquie avant de rejoindre la Palestine, bien qu'en son for intérieur il ne fût guère favorable au développement d'un foyer national juif en Terre sainte, dont on a vu hélas les conséquences fâcheuses sur l'équilibre du monde depuis soixante ans. Mais il estimait que cette réticence, partagée par le Vatican, était de peu de poids face à l'urgence des situations créées par les persécutions. « Pauvres fils d'Israël ! écrivait-il, j'entends chaque jour leurs gémissements autour de moi, je les plains ; nous faisons au mieux pour les aider. Ce sont les membres de la famille de Jésus et ses compatriotes. Que le divin Sauveur leur vienne en aide ! » Devenu pape, il saura réévaluer en profondeur l'attitude de l'Église vis-à-vis du peuple juif, mettant un terme à des siècles de distance et de mépris. Il supprima les mots peu obligeants à l'égard des Juifs dans la prière du Vendredi saint, qui évoquait leur « infidélité » et appelait à leur conversion. Ce texte fut modifié et il n'est point douteux que le pontificat de Jean XXIII refonda les relations du catholicisme et

---

1. *Ibid.*, p. 217.

du judaïsme, ce que lui reconnurent avec déférence les plus éminentes personnalités du monde juif.

L'étape suivante de la vie d'Angelo Roncalli fut Paris. Dans l'immédiat après-guerre, il fut nommé nonce apostolique, héritant du très délicat problème des évêques qui, en raison d'une sympathie plus ou moins affirmée à l'égard du gouvernement de Vichy, étaient dans le collimateur du général de Gaulle. À nouveau, une mission délicate, comme toutes les précédentes. Il déploya ses talents de fin diplomate pour éviter que le conflit ne s'envenimât. La tension retomba et finalement trois évêques seulement furent destitués : ceux d'Aix-en-Provence, d'Arras et de Mende. Le cardinal Suhard, archevêque de Paris, évita de justesse pareil sort, mais en revanche monseigneur Saliège, archevêque de Toulouse, fut nommé cardinal pour avoir pris, dans une lettre pastorale du 23 août 1942, une position très ferme de soutien au peuple juif.

À Paris, Angelo Roncalli ne put résister à la mission qu'il considérait comme l'essentiel de son sacerdoce, celle de pasteur. Aussi entreprit-il dans l'Hexagone, comme il le relate dans son journal, de multiples déplacements à caractère pastoral, ce qui n'était pas tout à fait sa tâche en tant que nonce. Assistant à un pèlerinage, inaugurant ici une église, visitant là des communautés, il parcourut la France en tous sens au point que le Vatican l'invita à demeurer davantage dans sa nonciature. Communicatif, amical, fraternel, convivial, chaleureux, le futur Jean XXIII laissa à Paris le souvenir d'un homme attachant qui eut tôt fait de faire l'unanimité. Il prit de l'embonpoint et on le suspecta d'avoir un faible pour les petits fours servis lors des réceptions officielles. Était-il gourmand ?

En 1953, Pie XII le nomma cardinal-archevêque, patriarche de Venise. Pour la première fois, il allait exercer les fonctions de pasteur et d'évêque dont il dira : « L'évêque est la fontaine sur la place du village, la source d'eau vive qui coule pour tout le monde, de jour et de nuit, hiver et été, pour les petits enfants comme pour les hommes d'âge mûr. » Comme il avait réussi en peu d'années l'exploit de se faire apprécier à Paris par des personnalités politiques de tout bord, au point de recevoir sa barrette de cardinal, ainsi que la Légion d'honneur des mains du président Vincent Auriol, athée notoire, il imposa à Venise, de la même manière, ses qualités de cœur et n'hésita point à assister à la Biennale d'art contemporain et au Festival du cinéma ; ce qui lui valut des critiques de tout ce qu'il y a de raide et de fermé dans les coins et recoins de l'Église catholique.

Puis se tint à Venise en 1957 le congrès du Parti socialiste italien. Le patriarche demanda « à ses fils de Venise, accueillants et aimables comme à l'accoutumée, de contribuer à rendre profitable la venue de tant de frères issus des diverses régions de l'Italie, animés par une élévation commune vers des idéaux de vérité, de bien, de justice et de paix ». Nouvelles critiques, nouvelle volée de bois vert. Si, à ses yeux, les socialistes commettaient l'erreur de vouloir construire l'économie civile et sociale sans référence aux valeurs chrétiennes, le patriarche leur reconnaissait néanmoins « le désir de parvenir à trouver un système qui contribue à améliorer les conditions de vie et la prospérité sociale ». Nous n'étions plus ici dans les vues de Pie XI et de Pie XII, ce qui créa un

« *Le bon pape Jean* »

émoi considérable au Vatican. Angelo Roncalli, on l'a compris, nourrissait son amour de la vérité d'un amour identique de la charité, ce qui l'amenait à modérer ses propos et à éviter les condamnations abruptes.

Le 28 octobre 1958, Angelo Roncalli fut élu pape au onzième tour de scrutin du conclave. Après son élection, il raconta qu'au cours des dix premiers tours les deux noms d'Agagianian et le sien « tourbillonnèrent comme des pois chiches dans l'eau bouillante se relayant tantôt en haut tantôt en bas ». Le onzième tour vit cependant trente-huit des cinquante et un suffrages exprimés se porter sur le patriarche de Venise et entraîner l'élection du deux cent soixante et unième pape de l'histoire. Il prit le nom de Jean XXIII. Il n'y avait plus de papes qui s'étaient appelés Jean depuis Jean XXII, pape d'Avignon de 1316 à 1334. Certes, il y avait bien eu déjà au début du XVe siècle un Jean XXIII au plus fort du grand schisme d'Occident. Il régnait simultanément avec deux autres papes, Grégoire XII, pape romain, et Benoît XIII, pape d'Avignon. Mais tous furent considérés comme des « antipapes » et destitués en 1417 par le concile de Constance, qui parvint à rétablir l'unité de l'Église en faisant élire Martin V. Ce premier Jean XXIII était donc un antipape ; il n'entrait pas dans la continuité apostolique et le titre de Jean XXIII échut ainsi à Angelo Roncalli.

Fut-il à son âge déjà avancé, soixante-dix-sept ans, accablé par la lourde tâche qui lui incombait ? Il semble bien que non, car sa bonne nature, fervente et optimiste, et sa profonde spiritualité lui tinrent lieu d'ange gardien. Ne s'appelait-il point Angelo ? Il entra donc dans les habits de pape avec bonhomie. Lorsqu'on le vêtit de la soutane blanche, attribut emblématique des papes depuis un pape dominicain du Moyen Âge, il enfila l'une des trois qui avaient été prévues en fonction de la taille et du gabarit du futur pape et déclara « me voici ficelé, prêt à être livré ». Puis, il apparut sur la loggia de Saint-Pierre pour la bénédiction *urbi et orbi*, la première de son pontificat dont il écrit : « Les premiers jours de ce service pontifical, je ne me rendais pas compte de tout ce que veut dire être évêque de Rome et par là même pasteur de l'Église universelle ; puis une semaine après l'autre, la lumière s'est faite et je me suis senti comme dans ma maison, comme si je n'avais rien fait d'autre durant toute ma vie. »

Nombreux sont les anecdotes et les bons mots que l'on prête au « bon pape Jean », dont celui-ci bien connu, où, dépassé par les problèmes à résoudre, il ne trouvait point le sommeil. Comme il contait cette insomnie à ses proches, il leur confia s'être dit : « Après tout je ne suis que le pape ; c'est d'abord l'affaire du Saint-Esprit que de diriger son Église. » Et il ajouta : « Aussitôt, je me suis rendormi. » Une autre anecdote, ou une autre version de la précédente, court à son sujet : inquiet pendant son demi-sommeil à propos d'une question délicate, il se proposa d'en parler au pape ; puis il réalisa que le pape c'était lui ; alors, même réaction, il confia son problème au Saint-Esprit et trouva le sommeil.

Élu depuis à peine trois mois, Jean XXIII réunit les cardinaux et, mû par une subite inspiration divine, leur annonça tout de go sa décision de convoquer un concile. Ses propos stupéfiants tombèrent dans un silence sépulcral, alors que le pape espérait une approbation massive et enthousiaste. Il attribua cette absence de réaction à l'effet de surprise, mais il fallut bientôt déchanter : les réactions étaient fort mitigées, allant du simple scepticisme à une franche hostilité. Le pape n'allait-il pas tomber dans un guêpier ? Qu'en serait-il lorsque deux mille cinq cents évêques venus du monde entier se réuniraient à Saint-Pierre ? Comment canaliser les débats, comment éviter les dérapages ? Jean XXIII, devant la nouveauté d'une telle initiative qu'aucun dignitaire ecclésiastique n'avait connue, puisque le concile précédent remontait à près d'un siècle, s'en remit tout simplement au Saint-Esprit. Il dit en 1961 : « En fait de concile, nous sommes tous des novices. Le Saint-Esprit sera là lorsque les évêques seront réunis. On verra bien ! » La suite des événements prouva qu'il avait eu raison. Le soir du premier jour du concile, le pape s'adressa aux Romains réunis devant la basilique Saint-Pierre : « Nous sommes à la fin d'une grande journée de paix, oui de paix […]. Tous ensemble soutenus par la paix du Seigneur, en avant vers les œuvres de bien. » Et il conclut : « Je me permets de vous souhaiter bonne nuit car il se fait tard ; le temps passe vite quand on est dans la joie ; quand vous serez rentrés à la maison, vous y retrouverez vos petits enfants ; faites leur une caresse en disant : c'est la caresse du pape. »

Les décisions du concile, dont les deuxième et troisième sessions se déroulèrent sous le pontificat de Paul VI, illustrèrent en contrepoint ce qu'il pensait, ce qu'il disait et ce qu'il avait dit tout au long de sa vie : les cinquante invités anglicans, réformés ou orthodoxes, manifestaient sa volonté d'ouverture envers les frères séparés ; les textes adoptés concernant le judaïsme mettaient un terme à des siècles de franche hostilité à son égard ; la possibilité de célébrer la messe dans les langues locales mettait un terme, en matière de liturgie, à l'utilisation exclusive du latin. En passant outre au trop fameux précepte : « Hors de l'Église, point de salut », le concile reconnaissait la liberté religieuse, celle de chacun de croire ou de ne pas croire, d'adopter la religion de son choix. En mettant au cœur des propositions conciliaires le souci de la paix dans le monde, fondée sur la vérité, la justice, l'amour et la liberté, il récapitulait ce qui fut l'une des tâches essentielles de son existence, en particulier lors de ses missions diplomatiques au service du Saint-Siège.

Plutôt que de condamner, il n'hésitait pas à ouvrir l'Église. C'est ainsi qu'il reçut au Vatican, le 7 mars 1963, non sans susciter des critiques, M. Adjoubei et sa femme, fille du président Khrouchtchev. Lorsqu'on lui demanda de quoi ils avaient parlé, il répondit avec un sourire malicieux : « Des enfants – il faut toujours parler des enfants. » Il n'hésita pas à s'impliquer dans la crise dramatique qui survint durant l'été 1962, à la suite de la décision de l'URSS de livrer du matériel militaire à son allié cubain. Pour empêcher la construction de rampes de lancement de fusées capables d'atteindre le territoire des États-Unis, John Kennedy décréta le 22 octobre 1962 le blocus naval de Cuba. Le conflit entre l'Est et l'Ouest atteignit alors un degré de tension et d'intensité qui fit craindre une déflagration nucléaire. Le 25 octobre, deux semaines après l'ouverture du concile, Jean XXIII transmit aux Américains comme aux Soviétiques un message diffusé sur radio Vatican pour « qu'ils écoutent le cri d'angoisse, qui en tout point de la terre, des enfants innocents aux vieillards, des individus aux communautés, monte vers le ciel. Nous prions tous les gouvernants de ne pas rester sourds à ce cri de l'humanité ; qu'ils fassent tout ce qui est en leur pouvoir pour sauver la paix ; ils éviteront ainsi au monde les horreurs d'une guerre dont il est impossible de prévoir les terribles conséquences ; qu'ils continuent à négocier ». Le 28 octobre, Khrouchtchev accepta de retirer ses missiles en échange d'un engagement américain de non-intervention à Cuba. Le monde avait frôlé la catastrophe, et l'intervention solennelle du pape Jean, intervention publique, mais aussi par diplomatie vaticane interposée, avait pesé en faveur de la paix. C'est d'ailleurs à la paix qu'il consacra, deux mois avant sa mort, sa dernière encyclique *Pacem in terris*. Cette encyclique, la plus forte de son pontificat, fut destinée non pas seulement au monde catholique, comme il était d'usage, mais à l'humanité tout entière.

Le « bon pape Jean » mourut d'un cancer de l'estomac très douloureux, le 3 juin 1963 à 19 h 49. Il demanda pardon à tous ceux qu'il aurait pu offenser. En cette heure extrême, il se disait certain que le Seigneur dans sa miséricorde ne voudrait pas le repousser, « car indigne que je suis, j'ai voulu le servir et je n'ai jamais voulu chercher rien d'autre que de rendre hommage à la vérité, à la justice ! ». Le petit peuple de Rome qui s'était retrouvé en sa personne, proclama sa sainteté, ce que voulurent faire aussi les évêques réunis à Saint-Pierre à la fin du concile. Mais Paul VI les en dissuada. Moins charismatique que son prédécesseur, il craignait de faire une entorse à la procédure ordinaire mise en œuvre pour « faire les saints ». Après cet *aggiornamento*, cette mise à jour de l'Église dans son siècle grâce aux textes et aux décisions conciliaires, l'Église revenait au cours naturel des choses… Après ce rafraîchissant retour aux sources de l'Évangile, Benoît XVI préfère aujourd'hui insister sur la tradition bimillénaire de l'Église : deux papes, deux cultures, deux tempéraments.

Jean-Paul II béatifia son prédécesseur Jean XXIII, le 3 septembre 2000. Dans son homélie, il déclara : « Le pape Jean a laissé le souvenir dans le cœur de tous d'un visage souriant, de deux bras ouverts pour embrasser le monde entier. » Ce pape qu'on avait élu comme un pape de transition fut un pape d'ouverture, ouverture aux autres confessions, ouverture aux autres nationalités, et surtout ouverture de l'Église au monde. Ses initiatives étaient soutenues, nourries, vivifiées par une intense vie de prière et un abandon total à la volonté divine.

La tonalité de son message tient tout entière dans ces propos : « Avec les chrétiens d'autres confessions, nous n'avons pas parlementé, mais parlé ; nous n'avons pas discuté mais nous nous sommes aimés. » Ou encore à propos du concile : « Le concile […] c'est la fenêtre […] c'est laisser la fenêtre ouverte et balayer la maison, y mettre des fleurs et ouvrir la porte à tous en disant : venez et voyez, ici c'est la maison du bon Dieu. »

Dans son *Bloc-notes* au journal *L'Express*, François Mauriac écrivait que le bon pape Jean était le « plus grand des six papes sous lesquels il avait vécu et peut-être le plus saint ». Apprenant la mort de Jean XXIII, le général de Gaulle confia à Alain Peyrefitte, son ministre de l'Information : « C'était un bonhomme au sens noble du terme, un homme bon [...]. Il a lancé cette grande affaire de l'*aggiornamento* ; ce n'était pas si simple ; il fallait beaucoup d'estomac ou beaucoup d'innocence. »

Il avait les deux, le bienheureux Jean XXIII.

Robert Schuman ou la sainteté en politique

Robert Schuman fut un homme des frontières, bénéficiant à ce titre d'une double culture, française et allemande. Sa biographie est suffisamment connue. Enraciné dans trois pays, le Luxembourg où il est né, l'Allemagne où il fit ses études universitaires et la France où il a été député de Thionville sans discontinuer pendant quarante ans, il fut plusieurs fois ministre et deux fois à la tête de l'exécutif en tant que président du Conseil sous la IVe République. Enfant, il passait ses vacances chez son oncle dans le village franco-luxembourgeois d'Évrange situé à quinze kilomètres du fameux point des trois frontières, le célèbre Schengen. C'est dans ce village luxembourgeois en bordure de la Moselle que furent signés en 1990 les accords éponymes visant à instaurer, par la suppression progressive des frontières, la libre circulation des personnes à l'intérieur de l'espace communautaire européen, l'« espace Schengen ».

L'oncle de Robert Schuman était paysan. Lorsqu'il labourait, accompagné de son neveu le jeune Robert, il franchissait à chaque sillon la frontière matérialisée par des bornes, de la France au Luxembourg, puis du Luxembourg à la France, et ainsi de suite, comme si l'enfant avait été très tôt prédestiné à l'aventure humaine qui fut la sienne. Autre anecdote encore de cette enfance : il allait se promener le dimanche avec ses parents dans la banlieue de Luxembourg, près de sa maison natale, au lieu-dit les Trois-Glands. Or c'est exactement à cet endroit que se sont installées les institutions européennes implantées à Luxembourg, notamment la Cour des comptes et la Cour de justice.

Notre famille se rapprocha de Robert Schuman par mon oncle Louis, frère de mon père, qui fit chez lui son stage d'avocat à Metz. C'est lui qui dénicha en 1926 à Scy-Chazelles la maison qu'il occupa durant toute sa vie. C'est dans cette demeure que je le rencontrai pour la première fois en février 1956. J'avais voté pour lui le 2 janvier précédent, très tenté cependant par un vote en faveur de Pierre Mendès France ; mais l'atavisme familial l'emporta et je votai Schuman. Je sortis de cette première rencontre subjugué par la douce modestie et l'humilité que dégageait cet homme, pourtant grand homme d'État. Mais c'était l'homme que j'avais rencontré et non l'homme d'État. Cette rencontre fut décisive et je devins rapidement président des jeunes du Mouvement républicain populaire de la Moselle, parti démocrate-chrétien qui était le sien et qui disparut après le retour de De Gaulle au pouvoir en 1958. À ce titre, je le voyais très souvent, puis bientôt à déjeuner tous les samedis à Scy-Chazelles. Le scénario de ces rencontres était immuable : omelette, salade, plateau de fromage, tarte à la mirabelle en saison. Puis promenade, Robert Schuman montant dans ma

2CV. Douceur, sobriété, frugalité, humilité, modestie, spiritualité, telle était la tonalité de ces rencontres. Pourtant, Schuman était à cette époque président de l'Assemblée parlementaire européenne, préfiguration du Parlement européen ; celle-là même qui le proclama par acclamation « Père de l'Europe », un titre qui ne fut attribué qu'à lui seul et dont il se serait bien gardé de s'enorgueillir.

J'ignorais totalement alors que Robert Schuman eût pu illustrer à la perfection les valeurs contemporaines de l'écologie, un mot qui n'existait pas encore à l'époque, sinon en tant que sous-discipline de la biologie. Au ministère des Finances alors installé dans le palais du Louvre, il quittait tard son bureau, car il s'agissait de redresser les finances de la France mises à mal par la guerre. Il ne manquait jamais d'éteindre les lumières que ses collaborateurs avaient laissé allumées. Eux-mêmes ne manquaient pas de critiquer cet esprit d'économie que manifestait leur ministre. Rentrant par le train à Metz, il s'arrangeait pour échapper aux services de sécurité et prenait modestement le bus pour Scy-Chazelles. Économies d'énergie, transports en commun, voilà bien deux valeurs constitutives de l'écologie contemporaine. Le bus le laissait à Moulins-les-Metz, à quelques centaines de mètres de son domicile, qu'il gagnait à pied par une route encaissée, bordée d'arbres magnifiques formant une voûte séculaire. Cette montée à Chazelles évoque le génie du christianisme loué par Chateaubriand. Schuman aimait ces arbres car il était profondément attaché à la nature : marche à pied, amour de la nature, encore deux valeurs de l'écologie. Arrivé dans sa belle maison lorraine, il montait dans son bureau d'où la vue plongeait sur la Moselle et sur les arches romaines de Jouy, au cœur de cet axe lotharingien nord-sud auquel les hommes de ma région sont si profondément attachés.

C'est dans ce bureau éclairé par de larges baies qu'il décida, le dimanche 30 avril 1950, de donner une suite politique au projet que lui avait remis Jean Monnet la veille, et qui allait déboucher sur la création de la Communauté européenne du charbon et de l'acier (CECA). C'est là encore qu'il finalisa le fameux discours fondateur du 9 mai 1950, tant il est vrai que l'Union européenne a ses racines à Metz. Metz fut aussi le berceau de la famille de Charlemagne dont l'arrière-arrière-grand-père était le célèbre saint Arnould, maire du Palais mérovingien, allié à la famille des Pépins. C'est de ce couple que descendit le grand empereur. Ainsi ma ville est le berceau historique des deux « Europe », celle du Moyen Âge et la nôtre.

C'est au cœur de cet axe lotharingien, où s'illustrèrent les villes de Trêves, épisodiquement capitale de l'Empire romain, et de Bonn, ancienne capitale de la République fédérale d'Allemagne, que se fit la réconciliation franco-allemande, avant même le discours fondateur du 9 mai 1950.

Robert Schuman, alors ministre des Affaires étrangères, avait accompagné le chancelier Adenauer lorsque l'Allemagne entra au Conseil de l'Europe en 1949, une réconciliation survenant quatre ans seulement après la guerre. Et Adenauer accompagna Schuman lorsque, pendant ce Conseil des ministres où il présenta le projet de la Communauté européenne du charbon et de l'acier, un huissier fit parvenir au président du Conseil de l'époque, Georges Bidault, un message personnel du chancelier fédéral apportant son plein soutien au projet.

Lorsque Charles de Gaulle rencontra Adenauer à Bonn en 1962, le chancelier adressa à Robert Schuman la lettre suivante :

> « Cher Monsieur Schuman,
> Pendant la visite du Général de Gaulle, la semaine dernière, j'ai souvent pensé à vous ; c'est vous, grâce à votre proposition du Pool Charbon-Acier, qui avez posé les fondements de l'amitié qui désormais lie si étroitement nos deux pays. Je garde un souvenir reconnaissant de notre travail commun. Je me sens poussé, plus particulièrement en cette occasion, d'exprimer à votre endroit ma reconnaissance. Ce serait pour moi une très grande joie si nous pouvions nous revoir encore une fois. Avec mes salutations les plus cordiales.
> Votre Konrad Adenauer. »

À rebours d'une contre-vérité ressassée par les médias français, la réconciliation franco-allemande est donc très antérieure au traité de l'Élysée, signé entre les deux pays en 1963.

Robert Schuman ne s'arrêta pas sur les risques politiques que comportait sa position audacieuse en faveur d'une réconciliation précoce et fructueuse de la France et de l'Allemagne. Il faillit lui en cuire aux élections législatives de 1951, où il fut élu d'extrême justesse, combattu à l'époque par les maîtres de forge qui se voyaient dessaisis de leur autorité sur la production et le commerce du charbon et de l'acier, mais aussi par les communistes qui représentaient le quart de l'Assemblée nationale, et par les gaullistes pas encore convertis à l'Europe. Le soir des élections à la préfecture de Metz fut mémorable. Les grandes chancelleries, à Bonn et à Washington, s'inquiétaient auprès du préfet de l'issue incertaine de cette élection qui, si Schuman avait été battu, l'aurait condamné à quitter le ministère des Affaires étrangères où son autorité internationale était unanimement reconnue. Quant au préfet, il eût été immédiatement muté. Schuman demanda à ce dernier le droit de se retirer chez lui très tôt, avant même que ne tombe le résultat définitif, ceci à la plus grande stupeur du préfet. J'imagine qu'il voulait prier en silence. Il fit savoir au préfet qu'il ne souhaitait pas connaître les résultats avant le lendemain : il serait toujours bien assez tôt. Le lendemain matin, le préfet monta à Scy-Chazelles avant l'heure de la messe à laquelle assistait tous les matins Robert Schuman, dans la chapelle des sœurs du couvent voisin. Il lui annonça son élection, et Schuman de lui répondre : « Vous voilà bien soulagé. Je suis heureux pour vous ! » Humour typiquement schumanien.

Encore ne faut-il pas oublier de mettre à son actif le courage exceptionnel avec lequel, en tant que président du Conseil, il surmonta les grèves insurrectionnelles de novembre et décembre 1947, fomentées par la CGT, lorsque le Kominform cherchait à faire tomber la France, comme avant elle les pays de l'Est, dans l'escarcelle de Moscou. Il subit les insultes et les injures particulièrement violentes des députés communistes pendant plusieurs jours. Viscéralement démocrate et républicain, il tint bon alors que ses ministres se débandaient, et ne l'emporta que parce qu'il n'avait cessé de prier tout au long de cette épreuve, comme il me le confia un jour.

Notre histoire contemporaine a étrangement oublié ces grèves massives et violentes qui firent des morts, à la différence des événements de Mai 1968 qui focalisent au contraire l'attention des médias et la mémoire collective de la nation. Schuman dut rappeler quatre-vingt mille réservistes pour maintenir l'ordre public, ce que la plupart de ses propres ministres lui reprochèrent. Deux ministres cependant tinrent bon : Jules Moch, ministre de l'Intérieur socialiste, et celui qu'il me désigna un jour comme le « jeune homme », me conseillant de suivre sa carrière, et dont il avait particulièrement apprécié la fidélité. Le « jeune homme », c'était François Mitterrand, qui étrennait à trente et un ans son premier portefeuille au ministère des Anciens Combattants dans le gouvernement Schuman. François Mitterrand vouait une profonde estime à ce dernier. Élu président de la République, il voulut transférer ses cendres au Panthéon. Mais les Lorrains que nous sommes et qui furent ses amis préfèrent le conserver dans la belle église médiévale fortifiée, jouxtant sa maison de Scy-Chazelles près de Metz.

Telle est l'œuvre immense de ce grand homme d'État que la France bizarrement s'obstine à mettre sous le boisseau. Il est regrettable que pour la fête de l'Europe le 9 mai, les médias évitent si soigneusement d'évoquer le discours du même jour en 1950, et de célébrer l'Europe. Ils sont certes plus prolixes pour la célébration du 18 juin. Mais pour les Lorrains, Schuman est l'image et l'incarnation des plus grandes valeurs spirituelles au cœur de l'action publique. Robert Schuman était doux et modeste. Il me disait un jour qu'il n'avait pas vu beaucoup de ses collègues ne pas perdre plus ou moins la tête dès qu'ils avaient des « motocyclistes » – il ne disait pas des « motards » – devant leurs voitures. Mais être doux, ce n'est pas être mou. La deuxième béatitude ne dit pas « bienheureux les mous », mais « bienheureux les doux ».

Quels enseignements tirer de la vie et de l'œuvre de ce grand Lorrain ?

D'abord sans doute et pour confirmer notre propos, qu'il illustra très tôt, et bien avant que le mot fût connu, les valeurs les plus nobles de l'écologie : un profond amour de la nature et de son créateur, une vie sobre et spirituelle, un grand respect de la diversité, qui est le fondement même de l'Union européenne dont la devise si peu connue est « Unis dans la diversité », une certaine réticence à l'égard des excès du libéralisme, quand on se souvient que la CECA n'était pas une institution libérale, mais que les décisions s'y prenaient au sein d'une Haute Autorité dont les membres étaient nommés par les États. Sa spiritualité franciscaine l'amenait d'ailleurs tout naturellement à cette manière d'agir et de vivre. François d'Assise avait été au Moyen Âge un ami de la nature, un homme sobre, et un apôtre de la paix et de la non-violence lorsqu'il rencontra le sultan durant les croisades pour tenter de faire la paix, non par les armes, mais par la rencontre de l'esprit et du cœur. Ainsi, à l'instar de François, Robert Schuman reste un homme très actuel, très moderne, un homme de paix et de réconciliation.

C'est en son honneur que nous avons inauguré en 1971, au moment où l'écologie émergeait, notre Institut européen d'écologie. Ce fut l'année même où se créa en France le ministère de la Protection de la nature et, à Bruxelles, le premier secrétariat à l'Environnement. Nous déployâmes très tôt un grand programme d'études sur la Moselle, en collaboration avec nos amis belges, luxembourgeois et allemands. Et nous rédigeâmes avec des fonctionnaires européens, notamment M. Carpentier, responsable à Bruxelles du secrétariat à l'Environnement, le premier programme européen en matière d'environnement. À cette époque, les écologistes étaient marginaux, mais conscients de cheminer dans la bonne direction. Nous développâmes, avec nos amis Jean-Marie Rausch et Roger Klaine, le concept d'écologie urbaine, transformant ainsi profondément l'urbanisme messin qui fut mis en valeur par nos soins. Car nous défendions cette idée que l'écologie ne concernait pas seulement la nature mais l'homme également, à l'époque où elle était dirigée vers la protection des fleurs sauvages, des oiseaux ou des poissons menacés par la pollution des rivières.

Notre équipe avait conscience de mettre ses pas dans ceux de Robert Schuman.

Au fond, nous nous inscrivions en faux contre l'*american way of life*, non négociable paraît-il, qui répandait et répand toujours sur la terre – par le truchement du capitalisme financier dévoyé dont nous déplorons aujourd'hui les pratiques et d'un ultralibéralisme sans régulation – un matérialisme effrayant et un consumérisme gaspilleur. Je puis affirmer, l'ayant beaucoup rencontré et beaucoup écouté, qu'il avait une idée toute différente de l'Europe.

Heureux les simples

Profondément attaché aux racines culturelles et chrétiennes de la vieille Europe, il entrevoyait, déjà dès les années 1950, qu'un jour les pays de l'Est nous rejoindraient ; c'était un grand visionnaire. Visionnaire aussi sur la décolonisation et le drame algérien. Jamais il ne modéra mes discours aux congrès nationaux du MRP, où je plaidais en ce sens, porteur du point de vue de ma génération. Lorsque nous eûmes la télévision, il rêvait que les pays échangeraient un jour par écran interposé leurs expériences et leurs initiatives afin que le meilleur de chacun contribue au bien-être de tous ; que de fois ne me l'a-t-il pas répété ! Certes eût-il été effrayé de cette télévision bas de gamme qui continue d'envahir nos écrans. Il eût apprécié les programmes Erasmus, mais fut horriblement déçu par l'échec de la Communauté européenne de Défense (CED) qui avait permis à nos jeunes de se rencontrer de pays à pays pendant leur service militaire. Lors de l'adoption du marché commun en 1957, il me dit plusieurs fois qu'il eût préféré que l'on commençât la construction européenne par la culture. Ô combien tous ces propos me restent en mémoire, et me guident ! Au moment où déferle sur l'Europe et le monde une immense vague écologique, n'est-il pas temps de revenir à ces fondamentaux qui guidèrent la vie et l'œuvre de Robert Schuman ?

Robert Schuman était d'abord un homme de prière. Il restait très secret sur sa vie spirituelle si profonde et si intense. À Rome, la procédure de béatification est en cours, on n'attend qu'un miracle. Mais sa vie ne fut-elle pas tout entière un miracle ? Avoir mis en œuvre la réconciliation franco-allemande si vite après la guerre ; avoir lancé la construction européenne ; avoir évité que la France ne tombât dans l'escarcelle de Staline ; et surtout, épisode peu connu, avoir reçu cet incroyable coup de pouce de la Vierge Marie qui apparut à l'Île-Bouchard en Indre-et-Loire, le 8 décembre 1947, jour de l'Immaculée Conception, alors que Robert Schuman était au cœur de la plus grave crise politique que connut la France depuis la guerre. Président du Conseil assiégé par les grèves insurrectionnelles, c'est étrangement au moment même où la Vierge disait aux enfants de l'Île-Bouchard, lors d'apparitions reconnues par l'Église, en l'occurrence par monseigneur André Vingt-Trois : « Priez pour la France qui en a grand besoin », que Robert Schuman eut un brusque sursaut et, poussé par l'Esprit, se rendit à la salle des colonnes de l'Assemblée nationale. Il improvisa alors un discours très ferme devant la presse, qui fit brusquement retomber la tension alors à son comble. Dès ce moment, le gouvernement avait repris la situation en main, et les grèves cessèrent. Ainsi, au moment où la politique devient *people* et où sa communication devient la préoccupation première d'un homme politique, la vie et l'œuvre de Robert Schuman plaident tout au contraire pour les forces de l'esprit.

Et lorsque souffle l'esprit, en l'occurrence l'Esprit saint, l'arbre porte du fruit en abondance. Raison pour laquelle, sans doute, le cardinal Poupard a consacré un de ses sermons, lors de la prédication du carême 2003 en la cathédrale Notre-Dame de Paris, à Robert Schuman [1].

---

1. Cardinal Poupard, *La Sainteté au défi de l'histoire, op. cit.*

Heureux les simples

Mon regretté ami René Lejeune, qui fut un collaborateur dévoué de Robert Schuman, rapporte dans l'ouvrage qu'il lui consacre le témoignage d'André Philip, de confession protestante, député socialiste et ministre des Finances. Ce dernier écrit : « J'ai connu Robert Schuman pendant une quinzaine d'années au Parlement, au gouvernement, puis au Mouvement européen. Ce qui m'a d'abord frappé en lui, c'est le rayonnement de sa vie intérieure. On était devant un homme consacré, sans désir personnel, sans ambition, d'une totale sincérité et humilité intellectuelle qui ne cherchait qu'à servir là, et au moment où il se sentait appelé […]. Quand il était sûr de ce qu'exigeait de lui sa voix intérieure, il prenait brusquement les initiatives des plus hardies et les poussait jusqu'au bout, insensible aux critiques, aux attaques, aux menaces […]. Pour atteindre son but, même le plus important, il n'a jamais employé un moyen vulgaire, exagéré le poids d'un argument ni élevé la voix. […] Mais par-dessus tout il restera en mémoire de ceux qui l'ont connu comme le type du vrai démocrate, imaginatif et créateur, combatif dans sa douceur, toujours respectueux de l'homme, fidèle à une vocation intime qui donnait le sens à la vie. »

René Lejeune accompagne ce témoignage par ces mots : « Le témoignage d'André Philip est crédible. Le regard qu'il porte sur lui va au-delà des apparences, il saisit l'essentiel. Il découvre un homme "consacré" guidé par une "voix intérieure" et qui ne cherche qu'à "servir". Trois mots clés de la vie et de l'action de ce modèle du politique. En effet, sur les pas de Robert Schuman, la sainteté de la politique se manifeste non pas seulement par l'habilité du savoir-faire, mais aussi dans la consécration d'un être tout abandonné à Dieu dont il se sait l'instrument. » [1]

Sur l'image mortuaire de Robert Schuman, mort en 1963, nous avons reproduit ces quelques mots de lui : « Nous sommes tous des instruments bien imparfaits d'une Providence qui s'en sert dans l'accomplissement des grands desseins qui nous dépassent. Cette certitude nous oblige à beaucoup de modestie, mais nous confère aussi une sérénité que ne justifieraient pas toujours nos expériences personnelles considérées d'un point de vue simplement humain ! »
Robert Schuman pressentait-il l'éminence de son destin lorsqu'il écrivit ces phrases, le 17 novembre 1915 ?

---

1. René Lejeune, *Robert Schuman. Père de l'Europe. La politique de sainteté*, Paris, Fayard, 2000.

Frère Roger de Taizé, le génie de l'œcuménisme

L'histoire de la Bourgogne est marquée par les événements qui autour du premier millénaire renouvelèrent le monachisme en Occident. Ce fut d'abord Cluny, monastère bénédictin réformé, bénéficiant d'un privilège spécifique : l'exemption, c'est-à-dire l'indépendance totale par rapport aux rois et aux évêques. L'abbaye dépendait exclusivement du pape et, dès 932, Jean XI la prit sous sa protection. À la fin du XIe siècle, Hugues, abbé de Cluny, exerce son autorité sur près de mille cinq cents monastères comptant plus de dix mille moines répartis dans toute l'Europe. Puis ce fut, en 1098, la réforme cistercienne menée à l'abbaye de Cîteaux en Côte-d'Or. Saint Bernard y fit profession en 1113 avant de fonder l'abbaye de Clairvaux dans l'Aube. Cluny, Cîteaux, Clairvaux, autant d'abbayes qui marquèrent le profond renouveau de l'ordre des Bénédictins. Les grandes églises romanes, Autun, Vézelay, Tournus, sont les fleurons de l'art roman bourguignon de cette époque, faisant de ces terres, pour l'Église et le monachisme, un véritable laboratoire du futur.

Heureux les simples

Près d'un millénaire plus tard, la création de Taizé s'inscrit dans cette tradition. Une expérience monastique unique s'y est développée depuis la fin de la Seconde Guerre mondiale à l'initiative du frère Roger Schutz, dit frère Roger.

Roger Schutz naquit le 12 mai 1915 dans le canton de Vaud en Suisse romande. Il est le dernier des neuf enfants d'un pasteur protestant suisse marié à une protestante française originaire de Bourgogne. Après avoir suivi l'enseignement de la faculté de théologie protestante de Strasbourg, il décide en 1940, âgé de vingt-cinq ans, de partir pour la France en vue d'y créer un centre de vie communautaire. Il achète une vieille demeure dans le village de Taizé où, accompagné de sa sœur Geneviève, il accueille des réfugiés et des Juifs. Dénoncé en 1942, il rentre en Suisse et y demeure jusqu'à la Libération en 1944. Il revient alors à Taizé et accueille, cette fois, des prisonniers de guerre allemands, car sa charité ignore les distinctions de nationalités.

Frère Roger est depuis sa prime jeunesse habité par l'idée de réconciliation. Réconcilier partout et toujours, dans le concret des situations, et consacrer sa vie à cette tâche, tel est l'idéal qu'il portera jusqu'à la plus forte incandescence de l'amour dans le monastère qu'il a créé. Frère Roger était en relation avec l'abbé Paul Couturier, prêtre du diocèse de Lyon, à l'origine d'une initiative audacieuse pour l'époque : les rencontres entre prêtres et pasteurs. Autour de lui, une communauté s'organise dans le cadre d'une vie monastique ; grande nouveauté pour des chrétiens réformés qui avaient, dès l'origine de la Réforme, abandonné ce mode de vie consacrée. La nécessité d'une règle conduit frère Roger et ses proches à édicter les principes et les modalités de la vie communautaire à Taizé. Pourront y être admis des frères issus de toutes les confessions chrétiennes, et en particulier de confession catholique. Ils s'astreindront, comme tous les moines, au célibat, mettront leurs biens en commun et accepteront l'autorité de frère Roger, qui préfère se dire au cœur de la communauté plutôt qu'à sa tête. La communauté ne reçoit ni don, ni cadeau, ni héritage, mais vit du travail de ses frères, travail intellectuel, mais aussi activités manuelles et agricoles en coopérative avec des propriétaires ruraux de la région.

La communauté a grandi au fil des années pour atteindre aujourd'hui un peu plus d'une centaine de frères issus de différentes nations, ce qui suppose de trouver une langue commune à tous. Cette langue sera la prière partagée. L'œcuménisme de la communauté de Taizé deviendra bien visible lorsque frère Roger et son ami le frère Max Thurian seront invités par Jean XXIII comme observateurs au concile Vatican II.

La première vocation de Taizé, c'est l'accueil des jeunes, chrétiens ou non chrétiens, venus de toutes les nations de l'Est et de l'Ouest, mais aussi de tous les continents. Il faut pour cela des équipements appropriés, et c'est encore avec le concours de jeunes que les frères ont construit leur vaste église de la Réconciliation, inaugurée le 5 août 1962. La communauté accueille aujourd'hui plus de cent mille jeunes chaque année, ce qui suppose une parfaite maîtrise des problèmes d'intendance. Depuis 1975, des rencontres sont organisées chaque année dans

Heureux les simples

une autre ville d'Europe, témoignant du rayonnement de Taizé. Ces rassemblements d'une jeunesse en recherche d'expériences religieuses supposent une organisation minutieuse. Les prières et les lectures sont dites en plusieurs langues et s'expriment en mots des plus simples tels que confiance, espérance, écoute, ouverture.

Un considérable travail a été mené pour discerner dans la Bible les textes les plus aisément compréhensibles par tous et les plus aptes à éveiller en chacun l'étonnement d'un amour venant de Dieu. De même, les chants ont été choisis de telle manière qu'ils se sont répandus rapidement dans le monde entier, traduits en une cinquantaine de langues et présentés en petits livrets dans quatre-vingt-dix éditions différentes. Le style propre à Taizé bénéficie d'une sorte de reconnaissance universelle. Les textes tiennent en de courtes phrases dont les paroles sont vite mémorisées et dont le thème musical répétitif est facilement acquis.

En se consacrant pour l'essentiel à la jeunesse, les frères de Taizé avaient pressenti, bien avant les événements de 1968, cette rupture si caractéristique qui sépare les générations, peut-être davantage qu'en aucun autre temps.

La communauté des frères n'est cependant pas orientée vers les jeunes seulement. Des religieux de toutes confessions y viennent se ressourcer. Chaque hôte, chaque retraitant, reste ainsi attaché à sa confession et à sa communauté d'origine, mais en y retournant il aura bénéficié d'une expérience spirituelle unique dont il fera bénéficier à son tour sa propre communauté. À partir des années 1950, la communauté essaima ; certains frères, tout en restant attachés à la maison-mère de Taizé, allèrent vivre au Brésil, au Sénégal, au Bangladesh, en Corée du Sud, auprès des populations les plus défavorisées.

Taizé s'inspire aussi des pratiques en usage au sein de l'Église catholique, mais les transpose dans une communauté multiconfessionnelle et multiethnique, puisque les frères sont issus d'une trentaine de nations différentes. Dans une telle entreprise, rien n'est donc acquis d'avance, et l'écoute est la voie royale qui mène à la réconciliation. Chaque soir, dans son homélie, frère Roger s'y employait. Il eut aussi très tôt la volonté de jeter des ponts entre l'Europe de l'Ouest et l'Europe de l'Est soumise au joug communiste. Des échanges se sont développés en ce sens, tantôt avec l'approbation des gouvernements concernés, même si elle était réticente, tantôt clandestinement. Aux chrétiens de ces pays qui n'avaient pas le droit à la parole, frère Roger disait : « Je me tairai avec vous ! » Frère Roger a beaucoup voyagé à travers le monde, porteur de son message de réconciliation et de solidarité humaine.

Un drame tragique survint à Taizé, le soir du 16 août 2005. Frère Roger fut assassiné dans sa propre église par une Roumaine déséquilibrée, alors qu'il accueillait plusieurs milliers de pèlerins dans le cadre des Journées mondiales de la jeunesse qui se déroulaient simultanément à Cologne. Il avait quatre-vingt-dix ans. Bruno Frappat, journaliste catholique bien connu, fit alors de lui ce portrait : « Frère Roger sans doute aura été l'un des plus immenses de nos contemporains [...]. Pas un fondateur d'empire, pas un magnat de l'industrie ou du commerce, pas un vaniteux de la notoriété médiatique, pas un opulent du patrimoine et du bien fugitif. Il n'a rien laissé […] de matériel, rien de négociable. Il a fondé une parcelle d'humanité, réinventé une manière d'être humain avec les mots de tous. »

Pour tous ceux qui l'ont approché, frère Roger laisse le souvenir d'une extrême humilité et d'un souci constant de ne jamais blesser quiconque, dans le respect et la sensibilité de ses interlocuteurs. Son visage rayonnait la bonté et reflétait la paix et la joie intérieures. Au sein de l'œcuménisme, son attitude d'humble chercheur des convergences pour l'unité tranche avec l'approche plus intellectuelle des théologiens et des experts qui défendent chacun, point par point, la doctrine propre à leur confession. D'où ces divergences qui freinent l'élan de ceux qui croient et espèrent en un retour à l'unité des chrétiens. Ne pourrait-on imaginer une Église chrétienne réunifiée, « La Grande Église », s'enrichissant des diverses confessions qui la composeraient et de leurs traditions respectives ? Unité dans la diversité, le reflet dans l'humanité de ce qu'est la biodiversité dans la nature. Mais une telle idée n'a sans doute jamais effleuré les théologiens, solidement ancrés dans le pré carré de leurs propres traditions et plus attentifs à ce qui sépare qu'à ce qui unit.

Frère Roger a inventé un œcuménisme à sa propre manière. Pasteur protestant, il s'est rapproché de l'Église catholique en nouant des liens personnels avec les papes, et notamment Jean XXIII dont il percevait l'immense ouverture d'esprit et de cœur. On a débattu pour savoir s'il s'était converti au catholicisme. Or le mot « converti » n'existait point dans son vocabulaire, lui qui répéta à plusieurs reprises :

« J'ai trouvé ma propre identité de chrétien réconciliant en moi-même la foi de mes origines avec le mystère de la foi catholique sans rupture de communion avec quiconque. » Sans rupture de communion… Cette vision prophétique de l'œcuménisme n'est-elle point ce fameux « printemps de Taizé », dont parlait précisément Jean XXIII ? De tels propos lui valurent les critiques qu'on imagine, mais que son immense humilité l'empêchait de ressentir comme de profondes blessures. Frère Roger n'avait pas d'ego mais un immense charisme, une foi, une charité profondes l'amenant à vivre jour après jour avec la lumière de l'Esprit saint.

Lorsque aux obsèques de Jean-Paul II, le cardinal Joseph Ratzinger, futur Benoît XVI, lui donna publiquement la communion sur le parvis de Saint-Pierre de Rome, jamais le mot communion ne fut aussi porteur de sens.

Frère Roger, à l'instar des moines réformateurs de la fin du premier millénaire, a défriché des terres encore inexplorées ; il a su établir un dialogue fructueux avec les plus hautes autorités du catholicisme et du protestantisme, bien que parfois tenu pour suspect par ces dernières en raison de sa reconnaissance du primat de l'évêque de Rome.

Le charisme de frère Roger aura été de parvenir à faire se parler et se comprendre, au-delà de la barrière de la culture et de la langue, des femmes et des hommes, jeunes et moins jeunes, de bonne volonté. Encore fallait-il, pour que la communauté prospère, une vigilance toute particulière de chacun pour chacun. Cette attention à l'autre est la racine de la vie commune. On expérimente cette voie à Taizé, la seule permettant d'aboutir à une création passant par l'étroit chemin de l'oubli de soi au nom de l'amour de l'autre. Ainsi, le meilleur de chacun s'épanouit dans l'amour partagé. Frère Roger avait désigné de son vivant celui qu'il entendait voir lui succéder, frère Aloïs. La transition s'effectua sans heurt, attestant de la solidité de l'arbre puissant planté en terre de Bourgogne par ce pasteur protestant suisse, auquel sa mère avait dû instiller le patrimoine du christianisme bourguignon.

Jean-Paul II, rendant visite au frère Roger le 5 octobre 1986, évoqua des « printemps qui éclatent ». Pour lui, on passe à Taizé « comme près d'une source ; le voyageur s'arrête, se désaltère et continue sa route ».

Mère Teresa, la sainte universelle

La personne et l'œuvre de Mère Teresa débordent le cadre de l'Église catholique. D'abord reconnue en Inde par toutes les confessions, en raison de son exceptionnel charisme en direction des plus pauvres, elle reçut en 1979, le prix Nobel de la Paix et devint la plus universelle des saintes. Son parcours s'inscrit pourtant dans les pas de Thérèse de Lisieux dont elle emprunta en religion le prénom. Cette dernière, sans avoir jamais quitté son Carmel, fut proclamée patronne des Missions, auxquelles elle avait consacré sa vie de prières. Après Thérèse d'Ávila et Thérèse de Lisieux, Teresa est la troisième grande Thérèse de l'histoire.

Elle naquit le 26 août 1910 à Skopje, aujourd'hui capitale de la Macédoine, d'une famille albanaise. Ces terres balkaniques faisaient partie, à l'époque, de l'Empire ottoman. Ses parents sont des commerçants bourgeois et catholiques. Ils baptisent leur petite fille sous le nom d'Agnès. À neuf ans, l'enfant devient orpheline de père. Elle sera pieusement élevée par sa mère Drana et, dès l'âge de douze ans, pense se consacrer à la vie religieuse. Elle mettra six ans pour concrétiser ce projet. Le 26 septembre 1928, elle rejoint la Communauté missionnaire des sœurs de Notre-Dame-de-Lorette près de Dublin en Irlande, où elle apprend l'anglais. Deux mois plus tard, elle est envoyée en Inde pour y faire son noviciat. La découverte de l'extrême pauvreté qui règne à Calcutta, produit en elle un choc qui sera décisif. Ses supérieures l'affectent à l'école tenue par leur ordre, où elle enseigne de 1931 à 1937 face à des classes de trois cents élèves. Le charisme du professeur compensait sans doute le handicap de ces « classes surchargées », comme on dirait aujourd'hui. Les enfants indiens l'appellent *Ma*, c'est-à-dire Mère ou Maman. Elle devient ensuite directrice des études dans une école religieuse réservée à l'élite indienne, mais consacre une partie de son temps aux bidonvilles et à la visite des pauvres dans les hôpitaux. Sa mère l'encourage dans cette vocation.

Le 10 septembre 1946 est pour elle un jour décisif. Dans le train qui l'amène de Calcutta à Darjeeling au pied de l'Himalaya, la capitale indienne du thé, elle entend la voix de Dieu : « Le message était clair : je devais sortir du couvent et aider les pauvres en vivant avec eux. C'était un ordre, un devoir, une certitude. Je savais ce que je devais faire, mais je ne savais comment. » Ce second appel, qu'elle qualifie « d'appel dans l'appel », marque le deuxième point de départ de sa vie.

Dans la logique qui, nous l'avons maintes fois vu, semble être celle des héros de la vie spirituelle, Mère Teresa tombe malade. Elle est hospitalisée dans un sanatorium pour tuberculose. C'est pendant ce séjour dans la solitude qu'elle mûrit son projet et développe une approche spirituelle qui lui appartient. Elle médite une des sept paroles prononcées par le Christ en croix : « J'ai soif. » Pour elle, si le devoir d'aimer Dieu appartient aux hommes, comme le disent les religieux, l'initiative première vient de Dieu qui a soif d'être aimé par eux. L'amour humain est à ses yeux une réponse à la soif d'amour que Dieu nous porte, et cette soif appelle de notre part une réponse dirigée à la fois vers Dieu et vers les hommes, en priorité les plus pauvres et les plus démunis. Mais pour répondre à ce qui sera désormais son engagement en direction des plus miséreux, il lui faut quitter son ordre et fonder une nouvelle communauté tout entière orientée en ce sens.

Le 8 août 1948, Pie XII l'y autorise. La séparation d'avec ses sœurs de Lorette est déchirante, car elle les aime. Mais rien ne saurait entraver sa vocation au service des plus pauvres. Elle reçoit une brève formation d'infirmière, loge provisoirement chez les Petites Sœurs des pauvres, fréquente les bidonvilles de Calcutta et prend conscience que l'extrême pauvreté vide ses victimes de leur propre humanité. Soucieuse d'être en prise directe avec les plus pauvres parmi les pauvres, elle trouve, grâce à l'aide du père Van Exem, son directeur spirituel, un misérable appartement au dernier étage d'une maison appartenant à un Portugais. Elle partage son temps entre la prière, l'enseignement aux enfants pauvres et les soins aux mourants. Plusieurs de ses anciennes élèves viennent l'aider et seront les premières religieuses de la communauté qu'elle songe à créer.

Mère Teresa réagit aux signes qu'elle reçoit. Un jour, elle recueille un mourant sur la route et l'emmène à l'hôpital, qui refuse de l'accueillir. Elle décide alors de s'occuper plus spécifiquement des mourants et obtient de la mairie de Calcutta un local à Kaliga, proche du temple de la déesse hindoue Kali. Au printemps 1950, entourée déjà d'une dizaine de jeunes filles, elle crée la fondation des Missionnaires de la charité. Charité, *agapè*, amour qui vient de Dieu. Elle adopte pour sa congrégation le fameux sari blanc et bleu. Chaque miséreux est à ses yeux une image du Christ : « Jésus veut rassasier sa propre faim de notre amour en se cachant derrière les traits de l'affamé, du lépreux, du mourant abandonné. C'est pourquoi nous ne sommes pas des assistantes sociales, mais des contemplatives au cœur même du monde. » Telle est la vocation de Mère Teresa : permettre aux plus misérables, ceux qui n'ont jamais été aimés et qui n'ont personne à aimer, de vivre, ne serait-ce qu'un moment, la joie de l'humble et simple amour que leur porteront ses filles de la Charité. Elle refuse de transformer sa fondation en ONG, car il y en a de nombreuses à Calcutta, mais elle veut donner à ses pauvres ce que, dans notre langage contemporain, on appellerait « un plus ».

En 1955, elle crée un orphelinat, après avoir recueilli un enfant gravement mordu par un chien et qu'elle ne put sauver. Elle y recueille les enfants abandonnés en vue de leur adoption, une attitude qui en Inde pose problème, car le pauvre enfant abandonné, le miséreux, est considéré comme victime de son mauvais karma et marginalisé, surtout lorsqu'il appartient à la caste des intouchables. Considérant que toute vie est sacrée dès son origine, elle refuse l'avortement, bien en phase sur ce plan avec la position traditionnelle de l'Église, et se propose d'adopter les enfants refusés par leurs mères. En 1957, elle décide d'élargir son action vers les lépreux. Toujours en vertu de la croyance à un mauvais karma, ces malades sont exclus de la société indienne, qui d'ailleurs n'accepte pas qu'elle puisse ouvrir un centre en leur faveur. Qu'à cela ne tienne, intrépide et résolue, Mère Teresa envoie des ambulances soigner les lépreux là où ils se trouvent, tournant ainsi à sa manière les difficultés de sa mission. Mais les moyens commencent à manquer et son directeur de conscience, le père Van Exem, s'adresse à la presse pour recueillir des soutiens. Le Premier ministre du Bengale s'engage et noue avec Mère Teresa une amitié profonde. Des laïcs offrent des cadeaux pour les enfants à Noël, mais Mère Teresa demande qu'on les distribue aussi à l'occasion des fêtes musulmanes ou hindoues.

En 1959, dix ans après la fondation de sa congrégation, elle franchit la troisième étape de son itinéraire, en étendant son action au-delà du diocèse de Calcutta. La congrégation se développe, les vocations affluent comme les soutiens. Le pape Jean-Paul II s'engage en sa faveur et devient son ami. Lors de son voyage en Inde, il offre sa limousine mise aux enchères pour financer une cité pour lépreux, car Mère Teresa n'abandonne jamais ses projets sans les faire aboutir. Aussi fine diplomate que mobilisée sur le terrain en faveur des miséreux, elle bénéficie des soutiens les plus divers et souvent de très haut niveau. On lui reproche d'établir ses sœurs dans tous les pays y compris dans des dictatures comme Haïti, Cuba, les Philippines de Marcos ou encore dans le Yémen musulman. Mais son zèle n'a ni frontière géographique, ni frontière confessionnelle, ni frontière politique. Les pauvres sont partout et elle est avec eux. On la surnomme désormais la « Mère sans frontière ». Partout, elle insiste sur l'engagement nécessaire de ceux qui ne la soutiendraient que par une obole financière ; elle ne veut pas de donateurs, mais des « coopérateurs » : « C'est un capital d'amour qu'il faut réunir. Un sourire, une visite à une personne âgée, les vrais coopérateurs du Christ sont les porteurs de sa charité. L'argent vient si on recherche le Royaume de Dieu. Alors tout le reste est donné. » Comme le veut la célèbre parole de l'Évangile.

Parfaitement indifférente aux dangers qui la guettent ou aux hostilités que suscitent ses initiatives, on la trouve dans de nombreux pays en crise. En 1982, à Beyrouth par exemple, où elle sauve des enfants pris au piège sur la ligne de front qui oppose l'armée israélienne et la guérilla palestinienne. Elle obtient un cessez-le-feu et avec la Croix-Rouge sauve trente-sept enfants hospitalisés dans un hôpital dévasté par les tirs venant des deux camps. On la retrouve assistant les victimes de la catastrophe de Bhopal en 1984. Et toujours sur le pont pour faire face à de nouveaux défis, elle crée en 1984, à New York, le premier foyer pour les victimes du sida qui vient d'apparaître.

Le 5 septembre 1997, Mère Teresa meurt à l'hôpital de Calcutta d'un arrêt cardiaque sans doute occasionné par une tumeur à l'estomac. Ses sœurs sont alors au nombre d'environ quatre mille dans le monde, établies dans six cent dix fondations réparties dans cent vingt-trois pays.

En parallèle, à côté de ce succès éclatant qui lui vaut une renommée universelle dépassant de loin les frontières géographiques et confessionnelles, il y a une autre Mère Teresa, une Mère Teresa secrète, dont l'intériorité est rongée par le doute et la nuit de la foi, à l'instar de tous les grands mystiques. Dans quarante lettres rédigées tout au long de son existence, et publiées après sa mort, elle s'en ouvre à ses correspondants : « Pour moi le silence et le vide sont si importants que je regarde et ne vois pas, que j'écoute et n'entends pas », écrit-elle en 1979 à un ami pasteur. Mère Teresa souhaitait, semble-t-il, que ces lettres soient détruites après sa mort, mais elles ont été publiées dix ans plus tard et ont paru sous forme de larges extraits dans le *Times*. Elles parlent de « l'obscurité », de « la solitude » et de « la torture » qu'elle a traversées. « Où est ma foi : au fond de moi, il n'y a rien d'autre que le vide et l'obscurité, mon Dieu que cette souffrance inconnue est douloureuse, je n'ai pas la foi », a-t-elle écrit dans une lettre non datée qu'elle adresse à Jésus. Elle indique aussi que son fameux sourire sur son visage ridé est un masque, « masque qui cache sa souffrance intérieure ». Ses lettres ont été publiées par un religieux de sa congrégation, le père Brian Kolodiejchuk [1] qui indique : « Je n'ai jamais lu la vie d'un saint, où le saint vivait dans une obscurité spirituelle si intense. Personne ne savait qu'elle était aussi tourmentée. »

Mère Teresa, de nationalité indienne, a été béatifiée six ans après sa mort. En 1962, elle écrivait : « Si un jour je deviens une sainte, je serai sûrement celle des ténèbres, je serai continuellement absente du Paradis. »

---

1. Brian Kolodiejchuk, *Mère Teresa. Les écrits intimes de la « Sainte de Calcutta »*, Paris, Lethielleux, 2008.

Heureux les simples

Ce jour nouveau que jette sur la vie de Mère Teresa la publication de sa correspondance par des religieux qui, loin de vouloir ainsi lui nuire, ont osé révéler les secrets d'une âme tourmentée, donne à sa personnalité une surprenante actualité. Dans nos sociétés sécularisées, où pour beaucoup le problème de la foi est en question et le doute omniprésent, même chez ceux qui aimeraient croire paisiblement et sereinement, Mère Teresa offre une piste pour la réflexion et l'action. Qu'il croie, qu'il doute, ou qu'il ne croie pas, croyant, agnostique ou athée, chacun est à son invitation amené à donner de l'amour sinon à un Dieu qui se cache, du moins au plus humble de ses frères. La vigueur de la foi ne suffit pas si l'amour n'est pas donné. Mais l'amour se suffit et ouvre les chemins souvent incertains qui mènent au divin.

De haute actualité aussi, le caractère universel de la mission de Mère Teresa, qui n'a jamais pris en compte les appartenances de ceux auxquels elle a consacré sa vie. Elle s'inscrit ainsi dans l'universalité du message évangélique, en un temps où jamais une telle universalité ne s'avère aussi nécessaire pour instaurer la paix dans le monde. Il n'est pas étonnant que Mère Teresa ait été et soit toujours vénérée, non seulement par des chrétiens, mais aussi par des musulmans, des hindous ou des bouddhistes. La plus récente venue dans la communauté des saints est ainsi un modèle pour tous.

Une sainte musulmane : Rabia al Adawiyya

La notion de sainteté n'est pas propre au christianisme. On la retrouve sous des formes diverses dans la plupart des grandes traditions religieuses du globe. On vénère dans l'islam des personnes censées jouer un rôle d'intercession, mais aussi détenir et transmettre la *baraka*, la bénédiction divine, et pouvoir accomplir des miracles (*karama*). Des pèlerinages s'organisent sur leurs tombeaux, pèlerinages non canoniques, à la différence de celui de La Mecque (*Hadjdj*) qui seul fait partie des cinq piliers de l'islam.

Les saints musulmans s'inscrivent souvent dans le soufisme, l'une des traditions vives au cœur de l'islam. Rabia en est l'une des premières représentantes. Elle vécut de 714 à 801, soit l'an 185 du calendrier musulman. Sa vie s'inscrit donc dans le premier et le deuxième siècle de l'hégire.

Rabia naquit à Bassorah, la grande ville irakienne du sud, sur le Chatt Al-Arab, ce vaste delta formé par la rencontre du Tigre et de l'Euphrate. Selon ce que l'on sait de sa vie, dont certains éléments relèvent sans doute de la légende, Rabia était une esclave affranchie. Elle vécut sa première jeunesse dans une pieuse famille musulmane, mais se trouva prématurément orpheline, et fut livrée aux caprices de ceux qui maltraitent et méprisent les créatures fragiles et dépourvues de tout moyen matériel. Selon certaines sources historiques, elle fut réduite en esclavage et dut se livrer à l'assouvissement des désirs charnels de ses maîtres. Pourtant, cette vie obscure et tumultueuse ne parvint point à rompre les liens déjà forts que Rabia entretenait avec Allah. Affranchie, elle s'éloigna de ce monde pervers et livra entièrement son être à la quête de l'amour divin. Elle mangeait peu, dormait peu et vivait seule. Elle se voua au célibat, ce qui est rare en islam. À ses yeux, le mariage supposait la capacité de choisir l'être aimé, ce qui témoignait, dans le milieu et l'époque où elle vivait, d'une forte personnalité et d'un solide esprit d'indépendance. Mais Rabia savait qu'elle ne disposait pas d'elle-même et qu'elle ne pourrait donc jamais choisir, parce qu'elle appartenait entièrement à Dieu, ce qu'elle exprima clairement dans l'un de ses poèmes.

La légende veut qu'elle ait été vue dans les rues de Bagdad portant un seau dans une main et une torche dans l'autre, criant qu'elle partait éteindre les feux de l'enfer et incendier le paradis. Comme on l'interrogeait sur le sens de ses propos, elle répondit que les hommes n'adoraient Dieu que par intérêt, soit pour accéder à la récompense de la vie éternelle, soit par crainte de l'enfer. À ses yeux, la vraie dévotion consiste à n'adorer Dieu que pour lui-même, par union mystique et sans considération pour les récompenses ou les punitions.

Une sainte musulmane : Rabia al Adawiyya

Rabia est l'une des toutes premières figures du soufisme apparu très peu de temps après la mort du prophète. Selon les spécialistes, le terme de « soufi » dérive de l'arabe *sufi* qui signifie « la mystique ». Et selon l'étymologie du mot, il se rattache à la notion de *suf*, la laine ou la robe de laine, vêtement des premiers soufis, car il fut celui des prophètes d'avant Mahomet, et notamment celui de Jésus. Ce courant de pensée émergea au sein d'une société musulmane naissante, tournée presque entièrement vers le juridisme, l'exégèse du Coran et les questions touchant à la direction de la communauté, c'est-à-dire les problèmes politiques. Très tôt en effet, l'islam était devenu la religion de l'État, devenu lui-même en quelques décennies un vaste empire. Selon Louis Massignon, grand islamologue chrétien, le mot d'ordre de ces premiers mystiques musulmans était de se déclarer étrangers face à un monde qu'ils considéraient comme corrompu et égaré par de mauvais guides. Une réaction semblable à celle qui se manifesta dans les premiers siècles du christianisme, lorsque les mystiques se réfugiaient au désert pour se consacrer entièrement à l'amour de Dieu.

Le soufisme contemporain, organisé en confréries dotées chacune de ses constitutions propres, est plus modéré que ses expressions premières. Il regroupe des musulmans socialement bien intégrés, pratiquant une ascèse raisonnable et une piété de bon aloi. En rupture avec les franges plus conservatrices de l'islam, les soufis sont à la recherche d'une union intime avec Dieu. Comme dans tous les courants mystiques, elle les conduit à prendre de la distance avec « la lettre qui tue, puisque seul l'esprit vivifie ». Dans les biographies de Rabia, il est indiqué qu'elle se livrait à des ascèses visant à libérer l'âme de son attache corporelle afin de l'anéantir en Dieu. Pour cheminer dans cette voie et aboutir à l'extase, le soufisme propose la proclamation inlassable du nom de Dieu – comme le fait le christianisme oriental avec la prière du cœur –, la pratique de longues litanies – différentes de la prière canonique de l'islam, les cinq prières – et plus tard la danse (derviches tourneurs) et le concert spirituel.

Un mystique chrétien s'apparente étroitement à un mystique musulman et inversement, tant les chemins qui mènent à l'union intime avec Dieu sont similaires. On rejoint ici le fond commun à toutes les grandes spiritualités où quelques êtres d'exception, souvent dotés de pouvoirs supranaturels, parviennent à dépasser le cadre des pratiques usuelles de la religion pour arriver à ce but ultime : vivre au cœur de l'amour de Dieu.

Un saint bouddhiste : Milarepa

Plus qu'à la sainteté dans le sens occidental du terme, c'est à la sagesse que tente de parvenir le bouddhiste. Le bouddhisme ne reconnaît pas un dieu créateur, et de ce point de vue sa mystique prend un autre sens. L'amour est toujours présent, mais moins impliqué dans les sentiments ou l'affectivité. Il est, pour le bouddhiste, compassion, ce qui suppose connaissance et identification à l'autre. Sagesse et compassion vont de pair ; selon un maître, « sagesse sans compassion n'engendre que l'orgueil ; mais sans sagesse, la compassion est aveugle ». À sagesse et compassion, il faut ajouter encore « libération ». L'ascèse bouddhiste vise à libérer l'esprit de ses entraves, de ses désirs et des frustrations qu'ils engendrent, lorsque ces désirs ne peuvent être satisfaits. Au terme de ce chemin, le bouddhiste rencontrera l'éveil et deviendra lui-même un bouddha.

Ces quelques notions étaient nécessaires pour comprendre l'itinéraire d'un grand yogi comme Milarepa. Au sens étymologique du terme, un yogi est un pratiquant du yoga. L'Occident a fait du yoga une pratique visant au développement personnel. Mais l'Orient va plus loin, qui voit dans le yoga une discipline de l'esprit impliquant la personne dans une démarche vers sa propre profondeur. En ce sens, Milarepa était bien un yogi, maître renommé du bouddhisme tibétain.

Il naquit à l'ouest du Tibet, non loin du Népal, en 1040. Il n'avait que sept ans lorsque son père mourut. Les propriétés de sa famille furent alors laissées aux soins de parents indignes qui maltraitèrent Milarepa, sa mère et sa sœur. Ne tolérant plus cette injustice, sa mère décida de se venger. Elle confia le jeune Milarepa à un grand maître de la magie noire qui l'instruisit dans cet art. Devenu expert en la matière, il parvint, selon la légende, à faire s'effondrer une maison sur ses ennemis dont trente-cinq périrent tués sous les décombres. Il paracheva sa vengeance en déclenchant un orage de grêle qui détruisit la récolte de céréales des personnes qui s'en prenaient à sa famille. Mais Milarepa fut pris de remords, son âme en proie à un vif sentiment de culpabilité. Il ne mangeait plus, ne dormait plus, et perdit tout goût à la vie. Accablé par le karma négatif qu'il avait accumulé, il chercha un maître bouddhiste qui le conduirait sur le chemin de la délivrance.

Il fut d'abord le disciple d'un lama puis d'un grand maître tibétain, Marpa, qui avait rapporté d'Inde, au péril de sa vie, puis traduit, les enseignements d'un des plus grands maîtres indiens, Naropa. Dès les premiers contacts, Marpa eut l'intuition que Milarepa aurait un destin exceptionnel et qu'il deviendrait son successeur. Il entreprit donc de le former à la dure. Il fallait commencer par purifier son élève de ses crimes antérieurs. Pour cela, il le soumit à des épreuves sévères, préalables nécessaires pour le préparer à recevoir par la suite ses enseignements. Tout était bon pour humilier son élève, les insultes, les coups et les épreuves aux limites de l'impossible, comme par exemple construire à lui seul des tours de pierre de formes variées. L'œuvre achevée, il reprochait à Milarepa un défaut de construction, lui ordonnant de détruire son ouvrage et de le recommencer. Tandis que Milarepa s'adonnait à cette tâche insensée, Marpa enseignait d'autres élèves, mais excluait le malheureux Milarepa de cet enseignement. Milarepa tenta de fléchir ce maître sévère par l'entremise de son épouse, mais rien n'y fit. Alors, désespéré, il envisagea d'en finir avec la vie, songeant au suicide.

Marpa l'arrêta au dernier moment. Il estima que Milarepa avait désormais purgé ses fautes passées et entreprit enfin de lui dispenser ses enseignements. Puis il envoya Milarepa pratiquer une retraite solitaire dans des grottes du Tibet. Il vécut donc de nombreuses années en solitaire dans ces hautes montagnes, appliquant scrupuleusement les enseignements reçus. Il y demeura dans un dénuement total, ne portant que de légers vêtements en coton, malgré la rigueur des hivers, d'où ce nom de Milarepa signifiant « Mila le vêtu de coton ». On disait de lui qu'il ne se nourrissait que d'orties sauvages, à tel point que la tradition nous le présente le corps teinté de vert comme si le malheureux s'était végétalisé ! C'est en tout cas ainsi que le représentent de nombreuses peintures.

Ayant atteint l'état d'éveil en une seule vie, il commença à son tour à enseigner et devint célèbre pour ses *Cent Mille Chants*. Ces chants sont des enseignements sous forme de poèmes chantés, facilement mémorisables pour les disciples. Ils traitent de la plus haute philosophie bouddhiste, bien que leur auteur ne fût pas un lettré et ne dût son élévation spirituelle qu'à sa pratique intense de l'ascèse yogique qui lui avait permis d'atteindre le plus haut degré de spiritualité. Les enseignements se transmirent de disciple en disciple, à travers la longue chaîne des générations. L'énergie spirituelle acquise par un maître de très haut niveau se propage ainsi, chaque maître ayant un disciple qui devient maître à son tour. Ceci est vrai aussi pour les autres écoles de la tradition tibétaine. Milarepa, que ses chants avaient rendu très populaire, mourut à quatre-vingt-quatre ans. Il reste dans le bouddhisme tibétain l'un des maîtres les plus réputés.

Une sainte hindoue : Mata Amritanandamayi

Appelée communément Amma, « Mère » en hindi, Amma est une grande figure de l'hindouisme contemporain, considérée comme sainte par tous ceux qui l'ont approchée, et ils sont des millions. Amma propose un message qui se veut universel : un message d'amour. C'est à ce titre que, toujours vivante aujourd'hui, elle témoigne par sa vie et son œuvre de la primauté de l'amour, telle qu'elle figure avec des variantes dans toutes les religions du globe.

Amma est née en 1953, dans un petit village de la côte du Kerala, au sud de l'Inde, dans une famille de pêcheurs. Sa biographie n'a rien à envier aux pieuses hagiographies des saints catholiques rédigées au XIXe siècle. À l'instant de sa naissance, non contente de crier, elle arbore un sourire radieux annonçant la joie qu'elle va apporter au monde et son teint est étonnamment bleu foncé. Elle commence à marcher à six mois et, toute petite fille, ses parents la trouvent plongée dans de profondes méditations, comme extérieure à ce monde. À l'âge de cinq ans elle compose déjà des chants dévotionnels dédiés à Krishna. Ses chants surprennent par la profondeur des vérités mystiques qu'ils expriment. Sa voix douce et suave fait la joie des habitants de son village. Mais la mère d'Amma tombe malade et les responsabilités du foyer retombent sur les épaules de la petite fille. Les longues heures de travail s'enchaînent. Il faut aller chercher l'eau et quémander les épluchures de tapioca dans tout le village pour nourrir les vaches. Pourtant rendue chez elle, au lieu de s'effondrer de fatigue, Amma passe la nuit à méditer et à prier son bien-aimé Krishna.

En se rendant dans les maisons du voisinage, Amma comprend très tôt les misères du monde. Elle s'étonne que ces mêmes enfants qui prient Dieu pour qu'il accorde santé et longue vie à leurs parents, maudissent ces derniers lorsqu'ils deviennent vieux et infirmes et qu'il faut s'en occuper. Face à l'égoïsme humain partout présent, elle sait, elle, que l'homme n'a qu'un seul et véritable ami en ce monde : Dieu, dont l'amour est constant et inconditionnel. Encore enfant, sa quête du divin se concrétise par son ardeur à soulager la misère des autres, allant jusqu'à voler de la nourriture à sa famille déjà pauvre pour leur porter secours. À l'adolescence, son amour pour Dieu dépasse toute imagination. Les extases se succèdent, elle chante et danse, ivre de Dieu. Puis sont venues les visions, vision de Krishna, mais aussi de « la mère divine de l'univers ».

Bien entendu, Amma est parfaitement incomprise de ses parents et de son entourage, en butte à toutes sortes d'humiliations et de vexations, au point qu'elle doit quitter sa famille et vivre seule dehors. « Elle a pour toit le ciel, pour lit la terre, pour lampe la lune

Une sainte hindoue : Mata Amritanandamayi

et pour éventail la brise de la mer », et bénéficie de la compagnie des oiseaux et d'autres animaux qui sont devenus ses amis.

Comme toutes les grandes mystiques de toutes les nations et de tous les temps, Amma soumet son corps à des ascèses rigoureuses, se passant souvent de manger et de dormir, prolongeant ses méditations des heures durant, et parfois des jours sans manifester le moindre signe de conscience extérieure. « La mère divine » lui apparaît de nouveau dans toute sa splendeur et toute sa majesté. « Souriante, dit-elle, la mère divine devint une masse de lumière et se fondit en moi, mon mental s'épanouit, baignant dans la lumière multicolore du divin. »

Puis, comme il advient habituellement dans ces circonstances, Amma voit affluer vers elle des foules de plus en plus nombreuses. Fidèles en cela à la tradition hindoue, la plupart de ses concitoyens manifestent de l'indifférence à la misère d'autrui, mise sur le compte de leur mauvais karma. Amma prend exactement la position inverse, consciente que le but de sa vie est d'aider l'humanité souffrante en délivrant un message de vérité, d'amour et de compassion. Des milliers de visiteurs fréquentent son ashram, affluant de toute l'Inde et de tous les continents. Ils participent au vaste réseau d'œuvres caritatives fondé par Amma. Elle secourt les milliers de personnes qui viennent à sa rencontre, les réconfortant d'une parole appropriée et leur conférant l'énergie débordante qui l'anime en les serrant dans ses bras. L'image de ces étreintes se confond avec la personnalité d'Amma. Elle y consacre parfois quinze heures par jour, transmettant par ce contact étroit, le *darshan*, son énergie spirituelle. Amma englobe aussi dans l'amour un profond sentiment d'unité et de convivialité avec la nature. Fleurs et animaux font partie de sa famille [1].

Comme pour tous les saints, la fécondité spirituelle d'Amma se matérialise par d'innombrables réalisations, menées par elle et par ceux qui l'entourent et se réclament d'elle. Depuis 1987, les initiatives se multiplient, d'abord dans son État du Kerala traditionnellement communiste, où s'ouvre son premier ashram, et où elle sauve un orphelinat et une école en ruine. Puis ses enseignements et ses réalisations se propagent vers le nord de l'Inde. En 1995, s'ouvre un dispensaire à Bombay, dédié à la lutte contre le cancer. Puis c'est l'Inde tout entière qui voit naître des écoles, des instituts scientifiques, des établissements hospitaliers, des foyers pour personnes âgées et même des lotissements destinés aux personnes les plus désargentées. Le vaste réseau des activités caritatives d'Amma s'est développé dans le cadre de l'ONG qu'elle a fondée, le MAM (Mata Amritanaudamayi Math).

Mariant étonnamment la plus haute spiritualité et la plus grande modernité, le MAM a créé un campus universitaire devenu une figure de proue dans le domaine de l'informatique, où l'Inde excelle. Il a reçu en juillet 2005 le statut d'ONG consultative auprès du Conseil économique et social de l'ONU. La Croix-Rouge française, soucieuse de travailler avec des organisations locales pour venir au secours des victimes du tsunami de 2005, a passé avec lui un accord de coopération.

---

1. Voir dans mon ouvrage *Nature et Spiritualité*, Paris, Fayard, 2008, p. 67 et suiv.

Une sainte hindoue : Mata Amritanandamayi

Amma a connu aussi des détracteurs et c'est de France qu'ils sont venus. La Mivilude, organisme gouvernemental dédié au repérage et à la lutte contre les dérives sectaires, a dénoncé dans l'un de ses rapports « le prétendu pouvoir d'Amma de guérir la lèpre ou le cancer d'un baiser ». Mais cette accusation a dû être abandonnée, le secrétaire général de la Mivilude reconnaissant qu'il s'agissait d'une erreur et qu'Amma n'avait jamais dit cela. « Ce n'est donc pas un mouvement à dérives sectaires », a-t-il conclu.

Amma est donc une sainte bien vivante et, si l'on peut oser ces mots, en pleine activité. Elle est même comme un archétype de la sainteté universelle. Sa haute élévation mystique, son charisme exceptionnel, ses dons, la fécondité de ses actions et de ses entreprises caritatives s'inscrivent dans le parcours qu'ont suivi, on l'a vu, la plupart des saints. Moins centrée sur le développement personnel, comme il advient souvent dans le bouddhisme, la spiritualité d'Amma est entièrement fondée sur l'amour. C'est au nom de l'amour qu'elle médite, qu'elle prie, qu'elle pense et qu'elle agit. On lui laissera donc le dernier mot : « L'amour est notre véritable essence, l'amour ne connaît pas de frontières de castes, de religions, de races ou de nationalités. Nous sommes tous des perles enfilées sur le même fil de l'amour. »

Heureux les simples

La prédisposition à aimer Dieu et les autres, voire seulement les autres quand Dieu reste inconnu ou qu'il est nié, n'est pas un attribut que les saints dûment labellisés posséderaient en propre. Les êtres loyaux et généreux sont légion et chacun peut aisément repérer dans son entourage des personnes admirables dans leur manière de donner à autrui le meilleur d'elles-mêmes. Certes, cette valeur n'est guère prisée dans notre monde contemporain où celui qui est « bon » est réputé c… Mais que vaudrait une société soumise à la prédation de ces grands ou petits prédateurs qui pratiquent, à l'invite d'une publicité bien connue, le culte du « moi d'abord… parce que je le vaux bien » ? Que serait la vie sociale sans la générosité, la solidarité, l'ouverture à l'autre et le don de soi ?

Il y a deux manières d'aborder la spiritualité. La première consiste à y voir les œuvres de l'esprit et du cœur lorsqu'elles outrepassent les limites de l'humain. Une telle spiritualité peut être parfaitement laïque et embrasser une sensibilité à la nature, une empathie portée à tous les vivants, et bien entendu aux humains. L'autre définition voit dans la spiritualité l'attachement à une tradition philosophique ou religieuse. Dans tous les cas, la spiritualité suppose ce passage du « je » au « nous », avec cette idée forte qu'il y a plus de joie à donner qu'à recevoir. Ainsi se dessinent les portraits des saints de tous les jours et de toutes les confessions.

J'en ai rencontré.

Herta Moll, révérencieusement nommée Mme Moll, fut durant vingt-trois ans ma fidèle gouvernante, entreprenante, énergique, pleine d'entrain et d'un exceptionnel tonus. Je retrouvais chez elle certains traits de ma mère : comme elle, elle avait eu à déplorer l'efficacité économique un tantinet réduite de son époux, un entrepreneur trop peu entreprenant à son gré. Aussi, pensa-t-elle faire bouillir la marmite du ménage en ouvrant une épicerie dans son village. Elle perdit promptement, et le mari, qui meurt, et l'épicerie, les supermarchés ayant bientôt eu raison de son commerce. Elle vint ainsi grossir la vaste cohorte des sinistrés de la grande distribution. Ensemble, nous nourrissions une ambition commune et démesurée : perdre des kilos. Gros efforts, maigres résultats. Car si Mme Moll était une femme forte, en tout point comparable à celle que nous propose dans la Bible le livre des Proverbes [1], elle était aussi une forte femme. Sa foi était indéracinable, en béton armé. Lorsque nous échangions sur ce thème, elle me suspectait d'adorer un Dieu assez différent du sien et m'interpellait avec véhémence : « Moi, j'ai mon Dieu. »

C'était celui qui lui avait été inculqué aux leçons de catéchisme dans son école allemande de Bad

---

1. Proverbes 31,10-31.

Kreuznach en Rhénanie d'où elle était originaire. « Son » Dieu, c'était le Père, « le vieux bon Dieu », le vieillard barbu trop anthropomorphe à mon goût, et qui laissait fort peu de place à son Fils. Presque hérétique en matière de Trinité, elle supposait que la divinité de ce dernier était petite et comme rétrécie, très inférieure en tout cas à celle du Père éternel. C'était d'ailleurs aussi le catholicisme que j'avais reçu dans mon enfance, où Jésus et son Évangile étaient réduits à la portion congrue. On parlait plus de l'enfer et du péché mortel que de la miséricorde de Dieu. Aucun de mes arguments n'avait à cet égard la moindre portée : Mme Moll conserva jusqu'à son dernier souffle sa propre vision de « son » Dieu, ce Dieu à qui elle adressait moult prières toujours en allemand. La Vierge Marie n'était point oubliée, et elle avait gardé d'un séjour de plusieurs années dans la région lourdaise le souvenir de ses dévotions à la grotte. Marie passait avant son Fils Jésus, et dans son panthéon se pressaient quelques saints qui répondaient avec application à ses invocations. Rien de tel que d'invoquer saint Antoine quand on cherche une place de parking à Paris. Une place se libère aussitôt comme par enchantement.

Herta était généreuse, l'incarnation même du dévouement. Lui eussè-je demandé de me conduire en Chine, qu'elle aurait sur-le-champ préparé les valises. Mais je n'étais point seul à bénéficier de ses attentions bienveillantes. En Moselle, pendant la guerre, elle avait caché de jeunes Lorrains pour les soustraire aux Allemands qui les eussent envoyés sur le front russe. Et quand la Gestapo débarqua dans la maison où l'un d'entre eux se cachait, elle rusa tant et si bien que les Allemands n'y virent que du feu.

Elle eut, comme beaucoup de catholiques allemands, à subir les affres des nazis, qui jetèrent des boules puantes dans l'église le jour de sa communion solennelle. Après la guerre, sa nationalité allemande lui valut d'être internée six mois à Vichy, nonobstant sa résistance à l'Occupant. Un comble.

Durant son long séjour chez moi, je ne l'ai jamais entendue médire et moins encore calomnier qui que ce soit, toujours prête à rendre service spontanément, simplement. Comme il est dit dans le *Magnificat*, elle « comblait de biens les affamés », sans pour autant « renvoyer les puissants les mains vides » ; car des puissants, elle n'en connaissait pas. Mais elle reste très présente dans la mémoire de toux ceux que nous visitâmes ensemble lors de multiples conférences ou colloques.

Bénéficier de la sainteté au quotidien d'un être proche est une grâce sans prix. J'eus la chance d'en bénéficier avec plusieurs de mes amis. Mme Moll qualifiait mon vieil ami Patrick de papillon, *Schmetterling* en allemand, tant son énergie débordante le portait en tout temps et en tout lieu. Il était coiffeur, Figaro-ci, Figaro-là, Figaro papillonne ici et là ! Depuis toujours Patrick sculpte avec bonheur ma tignasse. Il prend le plus grand plaisir à rajeunir le visage de sa clientèle. Mais il ne se contente pas de ravaler les façades : c'est aux âmes de ses clients qu'il réserve ses soins les plus vigilants. Comme tous les salons, le sien est le dernier salon où l'on cause, mais son charisme consiste à ne pas causer de n'importe quoi, comme il advient si souvent dans le brouhaha des conversations ordinaires. Patrick suscite la confidence, et devant une tête hirsute cachant une âme malade, c'est à l'une et à l'autre qu'il prodigue ses soins. Sachant que tel ou tel est frappé d'une lourde épreuve, il s'arrange pour coincer le rendez-vous à une heure où il sait qu'il pourra consacrer à cette personne une présence exclusive et une écoute attentive ; comme par magie, il n'y aura pas d'autre client à ce moment-là dans le salon. Il noue et développe ainsi des relations d'amitié très personnelles, dont pourraient se montrer jaloux les « psys » qui pratiquent une écoute généralement moins compassionnelle et parfois moins attentive. Patrick est aujourd'hui entouré d'une nuée de personnes qui lui font confiance. Et pour parfaire la qualité des soins qu'il prodigue aux âmes, il prie abondamment pour les uns et les autres, allant régulièrement à Lourdes recharger ses batteries.

Je n'ai jamais entendu Patrick proférer une parole critique ou médisante à l'égard de quiconque. Sa miséricorde est sans limites ; elle se poursuit au-delà de la mort puisqu'on ne cesse de lui demander de chanter l'*Ave Maria* de Gounod aux enterrements, ce qu'il ne manque jamais de faire de sa belle voix de ténor. À l'époque où je traversais de grosses épreuves, il y a bien longtemps, je fus l'un de ceux qu'il prit en charge avec une patience dans l'écoute très exceptionnelle. Au pire de ma dépression, il me traîna à Lourdes comme un boulet. Ce pèlerinage très roboratif, car l'énergie de Patrick est inépuisable, me redonna de ce *punch* qui me manquait alors et qu'il avait à revendre. Depuis, nous prions beaucoup ensemble. Merci Patrick.

Gilbert, lui, nous a quittés. La sainteté, il l'avait héritée de sa mère dont le visage exprimait la bonté même. Paysanne dans un petit village de Moselle, on ne pénétrait jamais dans la ferme sans en ressortir nanti d'une poule, d'un lapin, ou de quelques douzaines d'œufs... naturellement gratuits. Gilbert était tout le portrait de sa mère. De bonnes fées avaient entouré son berceau, ce qui lui assura une réussite professionnelle et affective éblouissante. La vie se déroulait pour lui et pour sa grande famille, paisiblement et sans épreuve significative. Un grand fleuve tranquille. Tout ce que Gilbert entreprenait réussissait. Illustrant à merveille l'image biblique du patriarche, le Seigneur l'avait comblé et il le lui rendait bien. Solidement enraciné dans le concret de l'existence, il allait répétant que l'on ne construit pas en ce monde de demeures éternelles. De fait, je l'ai toujours vu avec un pied sur terre et l'autre déjà au ciel. Dans sa famille forte de quatre frères, de quatre enfants et de quatorze petits-enfants, sa piété était légendaire. Pas plus que Mme Moll ou chez Patrick, je ne l'entendis jamais critiquer qui que ce soit. Tout au plus me mit-il un jour en garde contre les approches dont j'étais l'objet de la part d'un homme politique qu'il disait « peu clair ». Je me fiai à son jugement et pris mes distances.

Gilbert était comme une boîte noire, en cela qu'il se confiait peu et cultivait jalousement son jardin secret. De moi, il savait tout, mais je respectais ses silences sur lui-même. Je subodorais toutefois que j'étais un peu la mauvaise herbe de son jardin. N'avais-je pas renoncé à une carrière politique, ce qu'il eût souhaité pour moi, pour nous ? Au demeurant assez naïf, il imaginait que nous aurions transformé la vie politique en la pratiquant avec les vertus de sobriété, d'authenticité, d'humilité et de douceur qui étaient celles de notre ami commun, le président Robert Schuman. Je me sentais néanmoins plus attiré par la science que par la politique, ce qui, je le sais, fut pour lui une souffrance. Mais jamais il ne m'adressa le moindre reproche. Les épreuves qui l'avaient longuement épargné s'abattirent sur lui et sa famille à la fin de sa vie. Il les accepta sans broncher, s'installant plus encore dans ce ciel où il avait de longue date ses habitudes. Je fus présent par un pur hasard au moment de sa mort, due à une hémorragie cérébrale. Il récita jusqu'aux derniers instants de conscience et avec l'énergie du désespoir, ou plutôt de l'espoir, d'innombrables « Notre Père » et « Je vous salue Marie », entrecoupés de « Gloire au Père » plus vigoureux encore. Puis il se tut et nous quitta. Son épouse Madeleine et ses quatre enfants, dont ma filleule Claire, font depuis longtemps partie de ma famille. Je lui dédie ce livre.

Engagé très tôt dans des mouvements non-violents, Philippe s'acquitte de ses tâches avec talent et brio, un grand professionnel, ce qui ne compromet en rien sa capacité de donner et de se donner. N'a-t-il pas consacré récemment huit jours pour accompagner à mille kilomètres de chez lui, un ami atteint d'un cancer en phase terminale ? Le voyant à cette occasion, j'ai appris que c'était là pour lui un comportement habituel. J'en avais d'ailleurs bénéficié moi-même, lorsque, hospitalisé en réanimation dans un hôpital parisien à la suite d'une lourde intervention, Philippe parcourut aussi mille kilomètres, pour me rendre visite chaque jour dans l'étroit créneau horaire autorisé pour les visites.

Philippe incarne les grandes valeurs du christianisme et de l'écologie, au demeurant fort proches. Son âme est claire comme le cristal, et son cœur chaud comme la braise, mais ces qualités ne se donnent à voir qu'à celui qui sait lire dans la profondeur. Si j'évoque ici sa personnalité, c'est parce qu'elle illustre admirablement la parabole des oiseaux du ciel et des lys des champs. Philippe vit des contrats que lui confient entreprises, associations ou collectivités locales, en matière d'écologie et de santé publique. Mais la crise économique récente a sérieusement obéré son activité. Or lors d'une visite, je l'ai trouvé entièrement serein, malgré cette situation qu'il m'exposait et l'étroitesse de ses ressources. Dans les mêmes conditions j'eusse paniqué. Lui non. Il me dit avoir donné toute sa confiance à Dieu. Comme dans le livre des Rois [1], il affirme ne pas rencontrer Dieu dans l'ouragan, le tremblement de terre ou le feu, mais dans une brise légère : cette brise le berce et aucune épreuve ne le brise. D'ailleurs, Dieu répond à son fidèle serviteur : comme il le fait avec ses saints, pour les âmes pures, les ressources ne sauraient manquer. Et c'est bien ce qui est arrivé. Les contrats sont revenus. Bravo Philippe.

---

1. I Rois 19,11-12.

Épilogue

Les saints échappent aux hiérarchies ordinaires qui structurent les sociétés : du plus humble au plus puissant, les enjeux de compétition, de domination et de pouvoir sont à l'œuvre du haut en bas de l'échelle sociale. L'objectif : être plus que l'autre et le lui faire sentir. Cela est vrai des personnes et des organisations sociales, comme les États qui s'affrontent puissance contre puissance, superpuissance contre superpuissance. Les saints échappent à ce jeu social. Ils sont d'ailleurs étrangers à l'esprit de compétition, engagés dans l'amour et la compassion.

Tels sont les saints, de toutes origines, de toutes conditions et de toutes confessions. Authentiques géants de l'humanité, athlètes de l'amour, héros de la foi, leur mémoire pourtant s'éloigne peu à peu de nous. Tandis que les « Océane » et autres « Mégane » remplacent dans nos prénoms les « Anne » et les « Suzanne », que les « Enzo » l'emportent sur les « Jeannot », va-t-on aussi débaptiser le nom de nos villes et de nos villages, de Saint-Étienne à Saint-Quentin et de Saint-Malo à Saint-Nazaire ?

Cet effacement des saints dans notre paysage culturel est à relier au désamour dont souffre l'Église catholique qui les a produits tout au long des siècles par milliers. Comme il en est des monnaies, cette inflation les aurait-elle dévalués ? Le « martyrologue romain », la liste officielle des saints et bienheureux, en compte pas moins de quarante mille. Tandis que les nouveaux promus viennent allonger la liste, d'autres, très anciens et à l'existence légendaire mais douteuse, en sont retirés. Jean-Paul II est de tous les papes celui qui a canonisé le plus grand nombre de saints. Pas moins de cent vingt-deux hommes et femmes canonisés et vingt-deux béatifiés pour la seule année 1988 ; au total mille trois cent quarante-deux bienheureux et quatre cent quatre-vingt-trois saints durant les vingt-sept années de son pontificat. Cette forte production n'a cependant en rien ravivé la vénération pour les saints. L'intense mouvement de sécularisation les rejette dans le passé, et le désamour dont souffre l'Église crée sur eux une ombre portée. Pour bien comprendre ce phénomène, il convient de le situer dans le contexte de l'Église contemporaine.

Dans un ouvrage récent [1], un cardinal contemporain qui a souhaité garder l'anonymat s'exprime en ces termes sur une telle désaffection : « Le mouvement de fond qu'a connu le monde depuis la Renaissance est double : d'une part, sa prise d'autonomie à l'égard de l'Église, d'autre part, les tentations de celle-ci, qui ont toutes finalement échoué, de s'opposer à cette prise d'autonomie. Je crois avec l'historien que les peuples entretiennent sans le savoir une

---

1. Olivier Legendre, *Confession d'un cardinal*, Paris, Lattès, 2007.

Épilogue

mémoire collective [...]. Eh bien, le monde – occidental surtout – n'a pas purgé sa mémoire des souvenirs d'une Église hiérarchique triomphante, riche, refusant la science, attachée à ses biens, insouciante à l'égard des plus pauvres, régnant par les armes et par le confessionnal [...]. Ce ne sont pas des leçons adressées au monde qui l'amèneront à croire en la vérité, la réalité et la validité de son message. Aucune leçon de morale, aucune leçon de catéchisme, aucune leçon de théologie ne le permettra [1]. »

Leçon de morale, catéchisme, n'est-ce pas l'image qu'offre l'Église au commun des mortels, une Église qu'il considère comme plus prompte à défendre une stricte moralité sexuelle qu'à condamner les abus d'un capitalisme financier soumettant le monde entier aux puissances d'argent ?

Mais un autre facteur entre en jeu. La mondialisation, fondée sur la production et l'échange de plus en plus rapide de biens marchands de plus en plus divers et nombreux, est fondée sur une innovation continue qui rend obsolète la transmission des connaissances et des valeurs par la tradition. Or l'Église est arc-boutée sur la tradition et craint l'innovation. Son message n'est plus transmis par les familles aux enfants, autre raison qui explique l'actif processus de déchristianisation. Comme plus rien n'est transmis, seules existent les émotions du moment, non reliées à des systèmes de valeurs. Dans un tel contexte, vivre de l'Évangile de manière authentique, dans la charité et l'amour, est le seul moyen qui reste à l'Église pour perpétuer, actualiser et pérenniser le message du Christ. Il ne s'agit plus

---

1. *Ibid.*, p. 94 et 100.

tant d'évangéliser que de vivre conformément à l'Évangile. Et les modèles de ce genre de vie, ce sont les saints.

Vécu avec le prochain, l'Évangile devient alors l'expression d'une délicate caresse de Dieu, perçu comme dans cette brise légère que nous avons évoquée, où le prophète Élie dit l'avoir rencontré alors qu'il s'attendait à le trouver dans l'ouragan, la tempête ou le feu [1]. Dans le fracas du monde, l'Évangile apporte la douceur de l'espérance.

À lire le tome II du *Jésus de Nazareth* de Benoît XVI [2], on s'interroge lorsque ce pape pourtant considéré comme conservateur n'hésite pas à dénoncer une vision du christianisme qui serait essentiellement « une morale », une espèce de réarmement éthique où « la dévotion du XIXe siècle a de nouveau rendu unilatéral le concept de la pureté la reliant toujours à la question de l'ordre dans le domaine de la sexualité ». Il déplore et explique comment on en est arrivé à une « conception morale du christianisme perçu comme une sorte d'effort moral extrême ».

Jean-Marie Génois [3], chroniqueur religieux au *Figaro* et bon connaisseur du Vatican, n'hésite pas à dire que Benoît XVI, pourtant respectueux de la tradition, veut rompre avec une image d'une Église catholique aliénante et cadenassée. Le pape invite de surcroît les catholiques à ne pas craindre la laïcité et

---

1. 1 Rois 19,11-13.
2. Benoît XVI, *Jésus de Nazareth*, t. 2, Monaco-Paris, Rocher, 2011.
3. Communication personnelle.

Épilogue

à faire fructifier ce concept au sein des démocraties, en favorisant des rencontres fraternelles avec des fidèles d'autres confessions et des non-croyants. Enfin, il a prudemment estimé que l'usage du préservatif pourrait être envisagé dans la prévention du Sida, au moins dans des cas particuliers ce que son prédécesseur, hélas, n'a jamais fait.

Ces hirondelles annonceraient-elles le printemps ? Annoncent-elles une Église plus accueillante, qui n'imposera plus aux candidats au baptême cet interminable parcours consacré à leur formation, une Église plus féminine où la place des femmes sera repensée jusqu'aux plus hauts niveaux de la hiérarchie, une Église plus ouverte à la société et à ses évolutions, notamment en matière de morale sexuelle, plus engagée aussi au service des pauvres, ce qu'elle est de plus en plus en vérité, notamment dans le tiers-monde. Bref, une Église de saints ?

Fidèles à l'Église, les saints n'en ont pas moins poursuivi leur itinéraire personnel dans une profonde union à Dieu. Ce que ce même Benoît XVI considère comme une absolue priorité pour tout croyant, même s'il ne peut être demandé à chacun de porter l'amour de Dieu, du prochain et du lointain à un tel niveau. C'est, de fait, ce niveau d'amour qui explique l'extrême fécondité des saints. Comment expliquer que des personnes modestes pour la plupart, des simples, aient pu engendrer des œuvres qui non seulement restent vivantes après leur mort, mais continuent à se déployer et à se développer ? Goethe nous donne un début de réponse : « Dès le moment où l'on s'engage pleinement, la Providence est également en marche pour nous aider à mettre en œuvre toutes sortes de choses qui sinon n'auraient jamais eu lieu.

Tout un enchaînement de situations et de décisions en notre faveur, toutes sortes d'incidents imprévus, des rencontres et des aides matérielles que nous n'aurions jamais rêvées, rencontrées sur notre chemin. Tout ce que tu peux rêver de faire, tu peux l'entreprendre. L'audace renferme en soi le génie. »

Ici comme ailleurs la pensée de Goethe se révèle percutante, car c'est bien ce qui se passe pour les saints, comme l'attestent les vies de l'abbé Pierre, de sœur Emmanuelle, du père Ceyrac engagé auprès des enfants abandonnés en Inde, du père Pedro à Madagascar et, plus près de nous du père Guy Gilbert, aumônier des loubards, ou de Jean Vannier, successeur de Lanza del Vasto à la communauté de l'Arche. Aujourd'hui comme hier, par-delà les tribulations et les vicissitudes de l'Église, les saints ne lui ont jamais manqué, tout simplement parce qu'ils se situent en son cœur et qu'elle n'existerait pas sans eux. Leurs œuvres nous laissent entrevoir dès ce monde ce qu'est le ciel.

Et ceci est tout aussi vrai des saints musulmans, des soufis en particulier, dont la haute mystique nous offre le même témoignage. Ces figures extérieures au christianisme n'en consonent pas moins avec lui.

Les églises protestantes, de leur côté, qui s'étaient éloignées du culte des saints le jugeant souvent excessif, ont tendance à atténuer leur jugement. Ainsi, le Conseil œcuménique des églises a lancé en 2004, en collaboration avec le Vatican, le projet « Nuée de témoins », pour établir une liste commune d'hommes et de femmes, qui par leur vie, ont témoigné de la présence du Christ au monde.

Ayant porté l'évolution de la personne humaine jusqu'à ses plus hauts sommets, les saints mérite-

Épilogue

raient d'être davantage présents sur les écrans de télévision, où habilement présentés selon les normes des fictions télévisuelles, ils ne manqueraient pas de mettre en pièces les programmes de téléréalité. Le monde cesserait ainsi de se présenter à nous sous le seul angle de l'égoïsme et de l'agressivité, illustrant la dureté des relations humaines fondées sur la compétition partout présente et l'individualisme forcené. La télévision ne serait plus seulement le lieu où s'affichent les heurts des petits « moi d'abord », qui se tamponnent en tous sens comme des boules de billard actionnées par des joueurs maladroits. Mettre en scène un Jean de Dieu ou un Nicolas de Flue, une Hildegarde ou une Thérèse d'Ávila nous offrirait des fictions époustouflantes et décoiffantes. Audimat assuré.

Théodore Monod, grand savant, grand sage et grand saint, me confia au soir de sa vie que l'échec de l'amour dans la société tenait au fait qu'on ne l'avait jamais « essayé pour de bon », que la fameuse phrase de l'Évangile : « Aimez-vous les uns les autres », sans cesse rabâchée depuis deux mille ans par l'Église, roulait sur les consciences comme l'eau sur les rochers, sans porter le moindre fruit. Pour conjurer à ses yeux les crises économiques, géopolitiques et écologiques qui nous menacent, seul un immense sursaut d'ordre spirituel pourrait nous sauver. Encore faudrait-il que l'on finisse par comprendre qu'il conviendrait que les humains s'aiment « pour de bon ». Oui « pour de bon », insistait-il.

Cet amour donné par Jésus aux hommes, jusqu'à leur offrir sa propre vie, illustre la sublime beauté du christianisme et l'universalité de son message. On a vu combien ce même message pouvait recouper celui de toutes les grandes religions du monde. L'heure est venue de l'entendre enfin et de s'appliquer à le mettre en œuvre, car le fruit de ce message est la paix.

BIBLIOGRAPHIE

BIBLIOGRAPHIE GÉNÉRALE

ENGLEBERT Omer, *La Fleur des Saints : 1910 prénoms et leur histoire suivant l'ordre du calendrier*, Paris, Albin Michel, 1984.
PERNOUD Régine, *Les Saints du Moyen Âge. La sainteté d'hier est-elle pour aujourd'hui ?*, Paris, Plon, 1984.
PIERRARD Pierre, *Dictionnaire des prénoms et des saints*, Paris, Larousse, 1974.
RENARD Hélène, *Des prodiges et des hommes*, Paris, Philippe Lebaud, 1989.
LES BÉNÉDICTINS DE RAMSGATE, *Dix Mille Saints. Dictionnaire hagiographique*, Turnhout, Brepols, 1991.
DE VORAGINE Jacques, *La Légende dorée*, 2 vol., Paris, GF-Flammarion, 1967.
WOODWARD Kenneth L., *Comment l'église fait les saints*, Grasset, 1992.

BIBLIOGRAPHIE SCIENTIFIQUE
« POUR EN SAVOIR PLUS »

Les suffragettes de Dieu
DE VORAGINE Jacques, *La Légende dorée*, 2 vol., Paris, GF-Flammarion, 1967.

Hildegarde de Bingen

DE LA CROIX Arnaud, *Hildegarde de Bingen. La langue inconnue*, Monaco, Alphée, 2008.

GOUGUENHEIM Sylvain, *La Sibylle du Rhin. Hildegarde de Bingen, abbesse et prophétesse rhénane*, Paris, Publications de la Sorbonne, 1996.

MOULINIER Laurence, *Le Manuscrit perdu à Strasbourg. Enquête sur l'œuvre scientifique de Hildegarde*, Paris-Saint-Denis, Publications de la Sorbonne-Presses universitaires de Vincennes, 1995.

PERNOUD Régine, *Hildegarde de Bingen*, Paris, LGF, coll. « Le Livre de Poche », 1996.

STREHLOW Wighard, *Hildegarde de Bingen. Sa médecine au quotidien : automédication pour toute la famille avec des recettes originales de Hildegarde*, Paris, Tredaniel, 2003.

François d'Assise

Fioretti de saint François, Paris, éditions Franciscaines, 1953.

BOBIN Christian, *Le Très-Bas*, Paris, Gallimard, 1992.

BONNARD Abel, *Saint François d'Assise* [1929], Paris, Éditions du Trident, 1992.

DE CELANO Thomas, *Saint François d'Assise. Documents écrits et premières biographies*, rassemblés par les PP. Théophile Desbonnets et Damien Vorreux, OFM, Paris, éditions Franciscaines, 1968.

FRUGONI Chiara, *Saint François d'Assise. La vie d'un homme*, Paris, Noêsis, 1997.

GREEN Julien, *Frère François*, Paris, Seuil, 1983, rééd. 2005.

KAZANTZAKIS Nikos, *Le Pauvre d'Assise*, Paris, Plon, 1957.

Bibliographie

LE GOFF Jacques, *Saint François d'Assise*, Paris, Gallimard, 1999.

MANSELLI Raoul, *François d'Assise*, Paris, Le Cerf-éditions Franciscaines, 2004.

ROUGIER Stan, *Saint François d'Assise ou la puissance de l'amour*, Paris, Albin Michel, 2009.

VAUCHEZ André, *François d'Assise*, Paris, Fayard, 2009.

Thomas d'Aquin

GOBRY Yvan, *Saint Thomas d'Aquin*, Paris, Salvator, 2005.

DE TOCCO Guillaume, *L'Histoire de saint Thomas d'Aquin*, Paris, Cerf, coll. « Sagesses Chrétiennes », 2005. (Vie écrite en vue du procès de canonisation de Thomas. Ce livre propose la traduction française du dernier état du texte [1323] avec introduction et notes par Claire Le Brun-Gouanvic).

TORRELL Jean-Pierre, *Initiation à saint Thomas d'Aquin. Sa personne et son œuvre, Initiation 1,* Paris-Fribourg, Cerf-Éditions universitaires, coll. « Vestigia » 13, 1993-1996, rééd 2002.

Nicolas de Flue

BAUD Philippe, *Nicolas de Flue (1417-1487). Un silence qui fonde la Suisse*, Paris, Cerf, 1993.

Jean de Dieu

CARADEC COUSSON Jean, *De l'angoisse à la sainteté. Jean de Dieu patron des malades et des infirmiers*, Paris, Beauchesne, 2010

Thérèse d'Ávila

AUCLAIR Marcelle, *La Vie de Sainte Thérèse d'Ávila*, Paris, Seuil, 1950.

BOUDOT Pierre, *La Jouissance de Dieu ou le Roman courtois de Thérèse d'Ávila*, Cluny, A contrario, coll. « La sœur de l'ange. Les classiques méconnus », 2005.

KRISTEVA Julia, *Thérèse, mon amour*, Paris, Fayard, 2008.

Philippe Néri

PAPÀSOGLI Giorgio, *Philippe Néri, un homme dans son siècle*, Paris, Téqui, 1991.

NEWMAN John Henry, *Saint Philippe Néri*, Paris, Ad Solem, 2010.

TÜRKS Paul, *Philippe Néri ou le feu de la joie*, Paris, Bayard-Centurion, 1995.

Benoît Joseph Labre

DHÔTEL André, *Saint Benoît Joseph Labre*, Paris, Plon, 1957, rééd. Paris, La Table ronde, 2002.

PERNOUD Régine, *Les Saints au Moyen Âge. La sainteté d'hier est-elle pour aujourd'hui ?*, Plon, Paris, 1984.

Séraphin de Sarov

Le Pèlerin russe. Trois récits inédits, publié par l'abbaye de Bellefontaine, Paris, Seuil, coll. « Points. Sagesses », 1979.

Récits d'un pèlerin russe, Neuchâtel, La Baconnière, 1947, rééd. Paris, Seuil, coll. « Points. Sagesses », 1978.

GORAINOFF Irina, *Seraphim de Sarov. Sa vie*, en appendice, « Entretien avec Motovilov » et « Instructions spirituelles », Paris, Desclée de Brouwer-abbaye de Bellefontaine, coll. « Théophanie », 1979.

Bibliographie

Jean-Baptiste de La Salle

FIÉVET Michel, *Petite vie de Jean-Baptiste de La Salle*, Paris, Desclée de Brouwer, 1990.
MORY Christophe, *Jean-Baptiste de La Salle. Rêver l'éducation ?*, Paris, Pygmalion, 2010.
POUTET Yves, *Saint Jean-Baptiste de La Salle. Un saint du XVIIe siècle*, Paris, Beauchesne, 1992.
SAUVAGE Michel et CAMPOS Mishel, *Jean-Baptiste de La Salle. Annoncer l'Évangile aux pauvres*, Paris, Beauchesne, 1977.

Jean Bosco

BOSCO Madeleine et BOSCO Henri, *La Vie extraordinaire de Saint Jean Bosco*, Paris, Casterman, 1961.
BOSCO Teresio, *Don Bosco, une biographie nouvelle*, Caen, éditions Don Bosco, 1987.
DESRAMAUT Francis, *Don Bosco en son temps (1815-1888)*, Turin, Società Editrice Internazionale, 1996.

Maximilien Kolbe

FROSSARD André, *« N'oubliez pas l'amour ». La passion de Maximilien Kolbe*, Paris, Robert Laffont, 1987.
KOLBE Maximilien, *Le Bienheureux Père M. Kolbe. Entretiens spirituels inédits*, Paris, Lethielleux, 1974.

Marthe Robin

GUITTON Jean, *Portrait de Marthe Robin*, Paris, Grasset et Fasquelle, 1985.
RAVANEL Jacques, *Le Secret de Marthe Robin*, Paris, Presses de la Renaissance, 2008.

Jean XXIII

ALBERIGO Guiseppe, *Jean XXIII devant l'histoire*, Paris, Seuil, 1989.
HEBBLETHWAITE Peter, *Jean XXIII. Le pape du concile*, Paris, Bayard, 1988.
LECŒUR Xavier, *Petite vie de Jean XXIII*, Paris, Desclée de Brouwer, 2008.
POUPARD Cardinal, *La Sainteté au défi de l'histoire*, Paris, Presses de la Renaissance, 2003.

Robert Schuman

LEJEUNE René, *Robert Schuman. Père de l'Europe. La politique de sainteté*, Paris, Fayard, 2000.
PELT Jean-Marie, *Robert Schuman, père de l'Europe*, éd. S. Domini, Édition du Conseil général de la Moselle, 2006.
SCHUMAN Robert, *Pour l'Europe*, Paris, Nagel, coll. « Écrits Politiques », 1963.

Frère Roger de Taizé

SPINK Kathryn, *La Vie de frère Roger. Fondateur de Taizé*, Paris, Seuil, 1986, rééd. 1998.

Mère Teresa

KOLODIEJCHUK Brian, *Mère Teresa. Les écrits intimes de la « Sainte de Calcutta »*, Paris, Lethielleux, 2008.
LECŒUR Xavier, *Mère Teresa : sa vie, ses combats, ses paroles*, Bayard Jeunesse, coll. « Libre de croire », 2006.
SERROU Robert, *Mère Teresa de Calcutta*, Paris, Plon, 1980.

Bibliographie

Rabia al Adawiyya

BENGHAL Jamal-Eddine, *La Vie de Rabi'a al-'Adawiyya, une sainte musulmane du VIIIe siècle*, Paris, Iqra, 2000.

Milarepa

MILAREPA, *Les Cent Mille Chants*, 3 tomes, Paris, Fayard, 1986.
TSANG NYÖN HERUKA, *Milarepa, la vie*, Paris, Seuil, 1995.

Pour certaines biographies de saints chrétiens, j'ai consulté les Bollandistes, religieux jésuites ayant édité les vies des saints en soixante volumes et cinquante-huit mille pages.
Site de la Société des Bollandistes : http://www.kbr.be/~socboll/index.php

REMERCIEMENTS

J'exprime mes remerciements à Jean-Louis Garillon, qui m'a permis de situer saint Séraphin de Sarov dans le contexte de la vieille et sainte Russie, à Alain Chevillat de Terre du Ciel, qui a guidé mon choix pour les saints issus d'autres confessions, à Philippe Courbon, pour nos échanges sur la sainteté, à Robert Fery, pour ses conseils avisés et à Patrick Herder, qui m'a accompagné dans la rédaction de ce livre.

TABLE

Avant-propos 9

La quatrième dimension 11
Les suffragettes de Dieu 21
Les visions de Hildegarde de Bingen 35
Frère François, l'écologiste 51
Les « mugissements » de saint Thomas d'Aquin.. 69
Nicolas de Flue, l'ermite apôtre de la paix 85
Jean de Dieu, l'hospitalier 97
Les lévitations de Thérèse d'Ávila 113
Philippe Néri, un Florentin chez les loubards 127
Benoît Joseph Labre, saint des clochards 131
Séraphin de Sarov et le pèlerin russe 137
Jean-Baptiste de la Salle et Jean Bosco 153
Maximilien Kolbe, ou le sacrifice de soi 167
Marthe Robin, sainte et campagnarde 177
« Le bon pape Jean » 189
Robert Schuman ou la sainteté en politique 209
Frère Roger de Taizé, le génie de l'œcuménisme.223
Mère Teresa, la sainte universelle 231
Une sainte musulmane : Rabia al Adawiyya 239
Un saint bouddhiste : Milarepa 243

Une sainte hindoue : Mata Amritanandamayi 247
Heureux les simples..253
Épilogue..261

Bibliographie..269
Remerciements..277

Du même auteur

(suite)

Robert Schuman, père de l'Europe, éditions du Conseil général de la Moselle et Serge Domini, 2001.
Les Épices, Fayard, 2002.
L'Avenir droit dans les yeux, entretiens avec Martine Leca, Fayard, 2003.
La Loi de la jungle, Fayard, 2003.
Dieu en son jardin, entretiens avec Alphonse et Rachel Goettmann, Desclée de Brouwer, 2004.
La Solidarité avec les plantes, les animaux, les humains, Fayard, 2004.
Les Vertus des plantes, Chêne, 2004.
Nouveau tour du monde d'un écologiste, Fayard, 2005.
Après nous le déluge ? avec Gilles-Éric Séralini, Flammarion et Fayard, 2006.
Ces plantes que l'on mange, Chêne, 2006.
C'est vert et ça marche, Fayard, 2007.
La Beauté des fleurs et des plantes décoratives, Chêne, 2007.
Nature et Spiritualité, Fayard, 2008.
La Raison du plus faible, Fayard, 2009.
Les Dons précieux de la nature, Fayard, 2010.
Quelle écologie pour demain ?, L'Esprit du temps, 2010.
L'Écologie pour tous, éditions du Jubilé, 2010.
Les Voies du bonheur, La Martinière, 2010.
L'Évolution vue par un botaniste, Fayard, 2011.
Apprenez aux jeunes à regarder les étoiles. Entretien avec Jean-Marie, Les Presses d'Île-de-France, coll. « Habiter autrement la planète », 2011.

Mise en page par Meta-systems
59100 Roubaix

CET OUVRAGE
A ÉTÉ ACHEVÉ D'IMPRIMER
SUR ROTO-PAGE
PAR L'IMPRIMERIE FLOCH
À MAYENNE EN SEPTEMBRE 2011

N° d'édition : L.01EHBN000437.N001. N° d'impression : 80361.
Dépôt légal : octobre 2011.
(Imprimé en France)